アゴラ音楽クラブアルバム

2012 年、合奏「踊るポンポコリン」

2014 年、「ライオンの行進」

2015 年、マリンバとピアノのデュエット
「チキチキバンバン」

2015 年、マイケル・ジャクソンの曲
で「踊ろう！」

2012 年、アゴラ太鼓「流雅」
流れるように移動しながら演奏

2012 年、力強く「三宅太鼓」

３台の太鼓、むずかしい〜！

ハセちゃんはキョウカさんのサポート

お母さんたちも真剣です

「やっ！」

担ぎ桶太鼓の練習

2019年　第16回コンサート

お気に入りの「RYDEEN」を熱演

優雅に「美しきドナウ」

息の合ったマリンバアンサンブル

全員合奏「聖者の行進」

あ！　友達が来てくれてる！

「しあわせなら手をたたこう」には
会場から手拍子が♪

アゴラ太鼓Aチーム。
演目は「華」

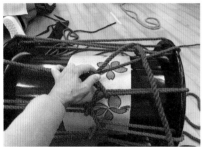

桶太鼓のロープ締め

チャンチキ

アゴラ太鼓Bチーム。
「ソーラン」最後のポーズ

個性的な衣装で 「Welcome to Agora Monster World !」

「どんひゃら音頭」間奏はマリンバのソロ

先生もお母さんもボランティア
スタッフも一緒に

アゴラ音楽クラブ

奇跡が起きる音楽クラブ

「そんなのムリ」が
「わたし、できるよ」に

かもがわ出版

もくじ

はじめに

　アゴラ音楽クラブは、障害のある子どもや大人たちが通う音楽クラブです。ここでは音楽が大好きなメンバーたちがピアノやマリンバの個人レッスンを受けたり、和太鼓やダンスのグループレッスンに参加する一方、高齢者施設で演奏したり、お祭やイベントに出演したりしています。

　アゴラ音楽クラブでは、はじめは1分も座っていられなかったり、部屋のすみにうずくまって練習に参加できなかったりした子どもたちも、いつの間にか仲間にまじってすすんで練習に取り組むようになります。そしてみんなに聴いてもらいたい、ステージで演奏したい、その一心で、動きにくかった手指を使ってピアノを弾き、マリンバを演奏し、上がらなかった腕を動かしてダンスをしたり、和太鼓をたたいたりしています。その結果、まさに「奇跡」とも言えるような出来事が次々起こって、先生や保護者の皆さんを驚かせているのです。

　このたびNPO法人設立10周年を記念して、アゴラ音楽クラブ結成以前からNPO法人設立に至るまでのいきさつや現在の活動のようす、様々なエピソードをご紹介したいと思いこの本を書きあげました。いつも子どもたちを見守っているお父さんやお母さん、アゴラ音楽クラブのスタッフの皆さんの声もたくさんの写真とともにお届けします。

　障害のある子どもさんのご家族、療育に携わる方々はもちろん、幼稚園や特別支援教育の先生方、もちろんその他の多くの方々にご覧いただきたいと存じます。またNPO法人設立に興味がある方にも手に取っていただけましたら幸いです。

2021年　9月
NPO法人アゴラ音楽クラブ代表
水野　惠理子

第1章

アゴラ音楽クラブが
できるまで

1 とりあえず、やってみよう!

♪ 音楽療法との出会い

アゴラ音楽クラブ代表の水野惠理子です。

少し自己紹介をさせてください。

私は、なにか新しい事をはじめるとき準備万端整えてというより、とりあえずやってみよう型の楽観的な人間です。個人的な話になりますが、私は大学卒業以来(ちなみに専攻は音楽ではなく、ギリシア哲学です)、進学塾の講師やピアノ教室、コーラスの伴奏をしたり、ドイツを中心にヨーロッパをうろうろしたり……と自由気ままな生活を送っていました。そこに大きな転機が訪れるのですが、そのきっかけとなったのは40年前私のピアノ教室にやってきた自閉症の少年タカシ君でした。自閉症という言葉さえまだ周知されていなかった時代です。

そこでまず自閉症とはどのようなものなのかを知ろうと当時障害児、特に自閉症のための音楽療法を行っておられた大阪市立大学の山松質文先生の著書を読み、大阪で行われた先生の研修会に参加しました。またリトミックの研究会やシュタイナー教育の勉強会にも参加しつつ、ピアノを教えるかたわら35年間様々な場所で50名以上の心身障害児・者の個人音楽療法セッション、おそらく数百人に及ぶ様々な人たちを対象としたグループセッションを行ってきたことになります。その中でいつも感じていたのは、**音楽にはたしかに治療的効果がある**ということ、控えめに言うならその可能性があるということでした。ただ「科学的な根拠があるのか?」と言われれば返答のしようがありません。実際のところ音楽の治療的効果に関する科学的検証となると学術的な研究はまだ少なく、関連した論文も探すのは容易ではなかったのです。

日本音楽療法学会の認定音楽療法士の資格は2006年病院の小児科病棟で仕事をするようになってから取得しました。音楽療法学会設立当初から

の会員ですが、それまでは療法士の資格は持っていませんでした。という
のも私は初めから音楽療法やリハビリを意識していたわけではなく、音楽
療法士になったのも、続けていた音楽活動がもたらしたいわば偶然のたま
もののようなところがありました。たとえば、普通に話しかけても反応の
ない子に歌うように話しかけると振り向いて笑顔を見せてくれました。ピ
アノを弾くうちに動かなかった手が動くようになりました。和太鼓活動で
は、太いバチを握って和太鼓をたたくにつれメンバーたちの丸くかがめて
いた背中が伸び、拘縮していた手足が伸び、大きな声で掛け声もかけられ
るようになりました。そしてそういった心身の変化が、音楽活動の場面だ
けでなく日常生活にも反映されるようになったと保護者からたびたび報告
を受けるようになり、そこであらためて療法という側面から音楽活動を
とらえるようになったのです。また病院での音楽療法に携わるようになり、
ますますその気持ちが強くなりました。

♪ 科学的に検証する

　それにしても、これらの現象はどのように説明がつけられるのだろう？私はこれまで経験的に感じてきたことを何とか科学的アプローチをもって検証したいと考えました。そしてそう考え始めると矢も盾もたまらなくなり、けいはんな学研都市にある ATR（国際電気通信基礎技術研究所）に飛び込みました。ATR では脳科学の研究などが行われているので、何かきっかけがつかめないかと思ったのです。「すみません、ちょっと MRI をお借りするとかできないでしょうか」……応対してくださった脳科学の若い研究者 S 氏は、こんなとんでもないオバチャンの戯言をバカにすることなく話を真剣に聞いてくださって、そして言われました。「まずはどこか大学院などに所属して研究するのが近道だと思います」。S 氏のこのアドヴァイスがなかったら、私の人生も変わっていたかもしれません。

　そこから私のしたいことができそうな大学を探し、脳波測定や動作分析などの手法を用いた研究をしている奈良女子大学のスポーツ科学研究科に社会人大学院生として入学することに決めました。

　ここを選んだ理由は、自宅から近いということ、スポーツ科学科で生理学的な実験ができそうだったこと、そして何より相談に伺ったとき、佐久間春夫教授（奈良女子大学名誉教授、現在甲子園大学学長）がとても親切に応対してくださったことでした。先生手ずからコーヒーを入れて親身に話を聞いてくださいました。そして大学院の受験を勧めてくださったのです。入学後はそれまでずっと考え続けていたことを実現すべく、対人コミュニケーション能力や身体機能の改善に音楽活動がどのような役割を果たしているか、音楽パフォーマンスに関する精神生理学的研究を行いました。また従来の音楽療法はその多くがクライエントとセラピストという関係性の中で語られてきましたが、その枠内ではとらえきれないクライエント同士、即ち知的障害児・者同士の相互関係がもたらす効果にも注目しました。音楽パフォーマンスにおいては互いの意図をくみ取り、動作を協調させよ

うとすることからスムーズな相互関係が構築されます。その様子を動作分析という手法で解明しようと試みました。さらに、楽器（ピアノ、マリンバ、和太鼓など）の演奏トレーニングを長期間続けることが演奏能力向上のみならず記憶能力向上にも影響を与えるということを記憶実験によって示しました。また、アゴラ音楽クラブでは相互関係を構築する音楽活動に和太鼓を用いていますが、なぜ和太鼓なのか？　和太鼓が他の楽器に比べてどのような効果があるのかを検証し、知的障害者の音楽パフォーマンスに和太鼓を用いる科学的な妥当性を示すため、近赤外分光法：functional near-infrared spectroscopy（fNIRS）での脳血流計測により和太鼓とスネアドラムの演奏に対する脳活動の比較を行いました。

♪ 研究と実践

　やりたいことが多すぎて、あれもこれも、と非常に欲張った大学院生時代でしたが、限られた年数ではすべて一口ずつかじっただけで残された課題が山積みの状態です。そんな私に研究の継続をサポートしようと言ってくださったのは佐久間春夫教授と、実験や論文のご指導をいただいた奈良先端科学技術大学院大学の柴田智広准教授（現在は九州工大教授）です。奈良先端科学技術大学院大学は自宅から車で 10 分の距離にあり、たびたびお邪魔しては相談させていただいたり、研究員のような顔をして侵入し作業させていただいたりしました。音楽の療法的効用に関する研究はずっと続けていきたいと考えていた私には、本当にありがたいことでした。

　そしてそれらの研究活動と実践活動が連携をとれば、障害者にとって音楽活動・音楽療法はもっと有意義なものになるはずという柴田教授の強力な後押しもいただいて、従来の音楽活動に学術研究部門を加え、NPO 法人を設立することにしたのです。還暦を目前に新しいステージの準備を、と考えていた私にとってこれは願ってもないチャンスでした。このステージで今までやってきたことの集大成ができると同時に、社会に還元もできる。そして法人にすることで組織として後々も存続が可能になるわけです。

このNPO法人は、音楽を仲立ちとして、障害のある子どもや成人、彼らの能力向上・社会参加を望む保護者や支援者、指導スタッフ、そしてより効果的な方法を模索する研究スタッフのコラボレーションで成り立っていますが、これは障害者支援の組織の形として一つのモデルになりうるのではないかと自負しています。

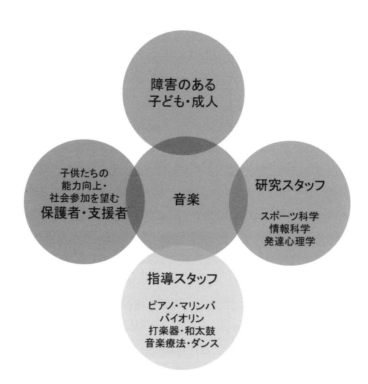

NPO法人アゴラ音楽クラブのコラボレーション

2 レッスンにセミを連れてきたタカシ君

♪ 自閉症なのですが……

　タカシ君が私のピアノ教室にやってきたのは、小学校3年生のときでした。障害があって普通の子どもと同じようにピアノを習うのは難しいかもしれないけれど、音楽にとても関心を示すので……とお母さんから入会依頼の電話があり「とりあえず一度お越しください」と申し上げたのです。現在とは違って障害についての社会的な認知度は低く、障害児を受け入れている音楽教室などほとんどなかったのではないでしょうか。

　タカシ君は幼児期、言葉が出ず、食べるものの種類は増えないし、小さい子がよくやる人のまねもまったくすることがなかったそうです。すぐに関心を示すとか、理解しているようには見えなくても、いろいろなものを見たり聴いたりする機会をできるだけ与えよう、そこから何かタカシ君の可能性が見えてくるかもしれない、とご両親は考えられたそうです。

　そして、とくにお母さんは何らかの形で音楽と関わりを持たせたい、と望んでおられました。というのはお母さん自身ずっと音楽と関わってこられ、演奏するのも聴くのも大好きで、音楽のすばらしさをタカシ君にも感じてほしい、感動をぜひ分かち合いたいと思っておられたからです。

　おいでくださいとは言ったものの、私は障害のある子どもと直接関わるのは初めてでした。タカシ君は自閉症とのことでしたが、自閉症という障害がどんなものかも知りませんでした。世界的に自閉症（Autism）という言葉が知られるようになったのは、1988年公開されたダスティン・ホフマン主演の映画「レインマン」が話題になって以降のことです。

　初めて教室に来たとき、

「タカシ君、こんにちは」

(部屋の中をきょろきょろ見回しています……)

「学校でどんな歌ならってるの？」

(こちらも見ずにきょろきょろ……)

　私の問いかけなどまったく無視して、部屋じゅう歩き回りながら机の上の物や、棚に飾ってある人形に興味を示すタカシ君。ちょっと変わった民芸品が気に入ったようで、中でも北海道のお土産にもらったコロボックルの人形は特に気になるらしく、手にとって表から裏から観察しています。

　内心どうしようと不安がよぎりましたが、生来楽天的な私は「まあ、とりあえずやってみましょうか」と、つい引き受けてしまいました。1981年のことです。

♪「音楽は普遍的な言語である」

　最近ではよく知られるようになったリトミック（注1）、その創始者ダルクローズについて書かれた本『エミール・ジャック＝ダルクローズ』[1]の中に次のようなくだりがあります。

「音楽は、本質的な治療の能力をもっている。音楽は言語以前の言語であり、

感じるだけで十分理解し、愛することのできる普遍的な言語である」

　ダルクローズは、すべての筋肉がリズム感に満たされ、身体そのものが楽器となって表現するリトミックを始めた人です。彼はリトミックで音楽感覚を身体組織の内に発達させること、運動の本能をすべて呼び起こした後に秩序と均衡の感覚を創造すること、そして想像力を発達させることをめざしました。

　常々子どもたちが歌をうたい、ピアノを弾くのを見ていて、頭だけで歌い、弾いているなあ、音楽を身体で表現できないかなあ、と感じていた私は、ダルクローズの考えに感銘を受け、小さな子どもたちのレッスンにリトミック的な要素を取り入れるようにしていました。コミュニケーションの手段として言葉が使えないタカシ君も音楽を通してのメッセージなら受け取ってくれるかもしれません。

♪ ピアノのレッスン

「黒いけんばんは、2つならんでいるところと、3つならんでいるところがあるよ。2つならんでいるところをさがしてみようか」

「……」

　2つ並んだ黒鍵を「ポッポー」と言いながら弾いてみせます。

「今度はタカシ君が弾いてみようか。おかあさん指と、おにいさん指で、汽車の音よー」

　ピアノの前に座ったものの、知らん顔でキョロキョロしていたタカシ君は、いきなりゲンコツでピアノをガンガン！

「あっ、そんなことしたらピアノがかわいそう！　やさしく弾こうね」

と言うと、こんどは壊れものにでもさわるようにソーッと……。

　言われたことはとてもよく理解しているようです。ただ身体を自分の思うようにコントロールできないように見えました。

　当時のタカシ君は、何にせよ新しいことをやらせようとすると強烈な拒

否反応を起こす子どもで、新しいことがら、とくに"きまり"に従うということが苦手だったということです。楽譜を見ることが難しく、耳で聴いて曲を覚えるというやり方しかできませんでした。しかしそんなタカシ君が、宿題として出した課題はきちんと練習してきていたのはお母さんの並々ならぬ根気と努力と愛情があったからに違いありません。

タカシ君

　聞き覚えで少しずつ曲らしいものが弾けるようになると、それと並行して他の面でも少しずつできることが増えていきました。そして小学校でもオルガン伴奏をしたり、朝礼台の上でタクトを振ったり、と徐々にタカシ君の存在感が出てきたのです。

　レッスンでの忘れられないエピソードがあります。ある日、何かジージー音がするなぁ、と思っていたら、タカシ君のバッグの中から突然セミが数匹飛び出しました。「わぁっ！」びっくりして声を上げる私にはかまわず、タカシ君はあわてもせずカーテンや壁にとまったセミをいとも簡単に手で捕まえ、また平気な顔でバッグにしまい込んでしまったのです。犬や猫も大好きで、何か通じ合うところがあったようですが、どうも**セミたちとも**

仲良しで、レッスンに連れてきたのでした。

♪ 独特の能力

　東大阪市の実家でピアノ教室を開いていた私は、結婚して奈良市へ。そして現在アゴラ音楽クラブの教室がある富雄で1988年にスペースアゴラ音楽教室を開設し、ピアノ以外に打楽器・マリンバ、ヴァイオリン、声楽の先生にも講師として来ていただくことにしました。

　そこでタカシ君はピアノに加え、ドラムも始めることになりました。タ

カシ君を担当してくださったのは音楽大学を卒業したばかりの戸田先生です。戸田先生にとっても自閉症の生徒は初めてでしたが、とんではねて全身でリズムをたたくタカシ君に、ついついうれしくなってしまうとのことでした。ただ、やはり夏になると、マレットケースの中に捕まえたセミが入っていたのは、虫が苦手な先生にとってはスリル満点だったようです。

バッグからセミが！

　当時、ピアノの楽譜は頑として覚えようとしないのに、太鼓の楽譜の16分音符やトレモロなど細かいリズムを正確にたたいていくのは、お母さんにも驚きでした。タカシ君については、わからないことがまだまだ多く、「**彼独特の感覚や素質、能力を、ひょっとして私の固定概念が邪魔しているのでは？**」と考えさせられることもあったそうです。

　その後、戸田先生にマリンバの手ほどきも受けたタカシ君はどんどん腕を上げていきます。

　先にもふれたダルクローズは、リトミックと治療について述べるとき、

しばしば「頭脳と身体の機能の調和」を強調しています。そして、リトミックの目的として「リズムによって、頭脳と身体の間に、すみやかな規則的な伝達の流れを作り出すことにある」と述べています。タカシ君の場合、問題は身体にあふれるリズム感、音楽的な運動をいかに精神がコントロールできるか、という点にありました。

(注1)19世紀末〜20世紀はじめにフランスのエミール・ジャック・ダルクローズ(1865〜1950)が開発した音楽教育法で、音楽を身体全体で感じ、理解し、表現することへの興味・喜びを育むことを重視した。

戸田先生とマリンバデュオ

ピアノレッスンと脳の発達

　「お宅の赤ちゃん、欲がないねー」と近所のおばあさんが言った。どうして、と聞くと、「お菓子をあげたのに、すぐに手から落としてしまうわ」

　タカシに握力がないことがわかった。その子が先生のおかげでピアノが弾けるようになったのです。はじめは、タカシがピアノを弾けたら素敵だから、その思いで始めさせました。しかしピアノを学ぶ本当の良さは本物の楽器の音にふれることで耳の感覚を鍛え、技術を習得していく過程で努力する精神を養うことにあります。心の幅を広げるとともに、知識の引き出しを増やすことができます。また先生や他の生徒とコミュニケーションを図ることから礼儀を学ぶことにもなります。

　音楽関係の本を見ていると、ピアノレッスンが脳の発達を助けるという題の本がありました。「ピアノを習っている子どもは空間と時間を認識する力が他の子どもより勝っている」こんな論文がアメリカの医学雑誌「ニューロロジカルリサーチ」誌に発表されたということでした。1996 年2 月号でのことです。この能力は数学や科学に必要な「割合の概念」を理解する上でも大きな威力を発揮するのだそうです。このような能力が幼いうちからピアノレッスンを始めることで養えるとしたら……と希望が持てました。

（タカシ君のお父さん）

3 「ワンマンショーをやる！」

♪ ゆっくり育てる

　次にスペースアゴラ音楽教室にやって来たのは小学校1年生、ダウン症のイクタさんでした。3歳のときからダウン症児専門の療育施設に通っていましたが、とくに音楽が好きだったイクタさんに何か楽器を習わせたいと思われたそうです。

　初めてのレッスンのとき、イクタさんはお母さんにぴったりくっつき、恥ずかしそうに下を向いていました。身体の動きはぎこちなく、言葉もはっきりしませんでしたが、こちらの話はしっかり聞けるしとても落ち着いているようにみえました。他の楽器はあまり知らないし、ピアノが一番親しみやすいかな……ということだったので、とりあえずピアノを習うことになりました。

　ある日、教室でタカシ君がピアノを演奏するのを聴かれたお母さんは、

　「すごい！　うちの子もこんなに弾けるようになるでしょうか……」

と心配そうに言われました。タカシ君はその時、あるコンサートにゲスト出演することになっていたので「マイウェイ」や「枯葉」などポピュラー曲を含め5、6曲のレパートリーの仕上げをしているところだったのです。

　「これだけ弾けるようになるまで、10年かかったんですよ。同じようにはいかないかもしれませんけれど、イクタ君もゆっくりやっていきましょう」

　子どもたちは、障害があろうとなかろうと、だれでもたくさんの才能の芽を持っています。不自由な面がめだってなかなか見えにくいのですが、花を咲かせよう、と待っている芽です。もしそこに音楽の芽があったならそれを大事に育てていけば、不自由な部分が見えなくなるほど大きな花を咲かせるかもしれない、と私は思っています。

♪ ドレミが弾けた！

　イクタさんは歌うのが大好きでエンドレスで楽しそうに歌ってくれますが、ピアノはそうはいきませんでした。ピアノの前に座るといつも両手を鍵盤の上に置き、いかにも大曲を弾いているかのように上体をかがめ、パタパタ指を動かして白鍵黒鍵を適当に押さえ、ピアニスト気分にひたっているのですが、「イクタ君、ドはどこかなー」という話になると「ツカレター」「モウ、オウチ、カエル」ということになってしまいます。

　ダウン症には一般に手指が短く、指先の細かい運動が不得手という特徴があります。また、認知能力の遅れによって楽譜の理解はもとより、メロディーの記憶などが困難ということもあり、一つのことを習得する速度はとてもゆっくりなのです。

　ところがある日、いつもお母さんと一緒について来ていた妹が「ピアノならいたい」と言いだしました。「じゃあ、そろそろレッスン始めましょうか」と、お母さんと話していると、イクタさん、急いでピアノの前に座って、なんと「ミ、ミ、レ、レ、ドー」と弾くではありませんか。それもちゃんと３本の指を使って。「ゆかいな牧場」のイーアイ、イーアイ、オーを

**マイクを持つと
絶好調のイクタさん**

歌うとき、「これに合わせてミミ、レレ、ドーって弾いてみようよ」と何度催促しても弾いてくれなかったのに。きっと妹に負けてはいられないと思ったのでしょう。思わず、お母さんと顔を見合わせました。

「イクちゃん、すごい！」

　感動のあまり、抱きしめて思いきりほめると、得意満面で何回も、何十回も「ミミ、レレ、ドー」を弾いてくれます。こちらが言っていることは、聞いていないように見えて、ちゃんと理解していたんだと感無量の出来事でした。

♪ 目覚めたように練習を始める

　「小学校一年生からピアノを習い始めてもうすぐ30年……まさかここまで続くとは思ってもいませんでした」とお母さんはおっしゃいます。自分勝手な行動ばかりで、ピアノの前にも座らないし、これではダメだ、と何度も思われたそうです。今度行ったら言おう、今度行ったらもうやめます、と言おう……それが何年続いたことか。でも**ある日突然、何かに目覚めたように弾き始めたのです。**

　私はいつもお母さんたちに「長〜い目で見てくださいね」と申します。障害のない子どもたちに対しても、です。ましてや何らかの障害のある子どもたちに対してはいうまでもありません。とくに自分の子に対しては「待つ」ことにどれだけ忍耐力がいるか、私も親の立場でそれは痛いほどわかるのですが、どうか気を長くして10年先、20年先を見ていただきたいと思っています。

　イクタさんは今、かつてのタカシ君のように「枯葉」や「ロミオとジュリエット」「マイウェイ」「愛の讃歌」などお気に入りのレパートリーをどんどん増やしています。弾くたびにどんどんアレンジされ、時には声でオブリガートも入り、思い入れたっぷりに天を仰いで終わる……というパ

ターン。というのもイクタさんにはいつの日か「**ワンマンショーをやる！**」という夢があるからなのです。

イクタさん。2019年コンサートにて

4 タイヤで太鼓!?

♪ 盆踊りの太鼓が大好き

　愛嬌たっぷり、調子に乗ってすぐ踊りだすイクタさんはもちろんお祭りも大好き！　そしてお母さんがおっしゃるには、盆踊りのやぐらの上で音頭に合わせて打ち鳴らされる和太鼓のリズムをすぐに覚えて、家に帰っても所かまわずたたき続けるとのことでした。
「ああいうリズム、大好きなんですよ」
　和太鼓ねぇ……と少し心が動きました。実はそんな話を聞く少し前、ある和太鼓グループのステージを見る機会があり、私も一度やってみたいなあ、と考えていたのです。
「和太鼓、やってみましょうか……」
「えっ！」
　私の言葉に驚かれたのはお母さんのほうです。太鼓はない、指導者はいない、何のあてもない状態だというのに、いつもどおり無謀にもつい口から出てしまったこの言葉──もう前に進むしかありません。そこから試行錯誤ののち、1995 年ついに「アゴラ太鼓」を結成する運びになりました。

古タイヤで太鼓の練習

とはいえ、何から始めればいいのか……まさに暗中模索でした。最近は和太鼓グループも数多くありますが、当時はまだ珍しく、手頃な価格の太鼓もありませんでしたし、練習法を書いた本も、手ほどき

を受けられるような講習会などもありませんでした。しかたなく、ドラム用のリズムテキストから使えそうなリズムを取り出したり、和太鼓を使ったアンサンブルの楽譜から一部拝借したりして基礎打ちの手作りメニューを作りました。太鼓はないので、打楽器奏者のアドヴァイスで、ガソリンスタンドから古タイヤをもらってきて、ごしごし洗って練習台にしました。バチもホームセンターで売っている丸材を切って削って、手作りです。

♪ 太鼓の先生を見つける

　しばらく私が本やビデオを頼りに教えていたのですが、やはり身体の使い方や呼吸など、細かいところはなかなかわかりません。書いてあるとおりにたたき、振りをつけても今ひとつパッとしないのです。何か足りない——プロの演奏を見ていて、それは和太鼓特有の間の取り方や、ピシッと決まって見栄えのする姿勢、振り付けのコツではないか、と気がつきました。どうすればいいか、実際に基本的な打ち方を指導してくださる方はいないものか探していたところ、やっと知り合いの紹介でプロの和太鼓集団の一員であるＡ先生とコンタクトが取れ、公演続きのお忙しいスケジュールの中、「行きましょう」と言ってくださいました。

　まともにバチも握れない、基本のリズムさえバラバラ……というありさまなのに、半年後の発表会で１曲演奏したいという無謀な私たちにＡ先生は基礎から根気よく教えてくださり、素人の私が作った曲を太鼓の曲らしく手直しもしてくださいました。そのうち、付き添って見ているだけではガマンができなくなったお母さんたちも加わり、総勢８名（宮太鼓４、締太鼓４）で演奏することに決定。見栄えのいいようにピリッとした振りもつけたデビュー曲は「アゴラ太鼓」と名付けました。

　この曲は今では皆が一番得意としている曲の一つですが、当時の私たちにはとてもむずかしく、はたしてできるんだろうか、と不安いっぱいでした。

発表会はどんどん近づいてくるのに覚えられない……今思えば、たった
１曲でしたが、あれほど緊張したのは初めてでした。自信たっぷりのはず
だったノブさん（アゴラ太鼓結成時に入会した和太鼓経験者。メンバーの
中で最年長）でさえ、出番を前に青い顔をして、
「先生、おなかいたくなったきた」
と言い出す始末。子どもたちには「笑顔で、掛け声だけは元気よく、ね」
と言っていたのですが、ステージに上がったとたん、お母さんたちまで頭
が真っ白になったそうです。
「ドンドンドンドン、ヨカッタナア、ドンドンドンドコ、ヨカッタナ、
……」
　私は最初から最後まで口唱歌しつつ、ひとり大声で掛け声をかけていま
した。
　私たちの必死の演奏がかえってよかったのか、客席から思いがけない感
想をいただきました。
「皆のいっしょうけんめいな姿を見て、思わず涙がでました」
「最高にすばらしい表情だった」

初めての「アゴラ太鼓」演奏

……これを聞いて勇気100倍。これからもがんばろう、と決意を新たにしたのです。

♪ 古タイヤから太鼓に

　ところで、結成から2年、皆の意気込みはどんどん増してきたというのに、太鼓はまだありません。ふだんの練習は古タイヤで、発表のときはあるグループが所蔵している太鼓をお借りしていたのです。発表会の数日前に借りに行ってリハーサル、本番が終わったらまた車に積んで返しに行くといった状態で、しかも借り賃がかなりかかりました。だんだん出演の依頼をいただくことも増え、そのたびに借りるのも大変、やっぱり自分たちの太鼓が欲しい、という気持ちが高まってきました。電話帳を繰って太鼓屋さんに片っ端から電話で問い合わせてみたのですが、どこも目が飛び出るほど高い。

　そうこうするうち、人づてに合成樹脂製の太鼓があることを知りました。お母さんたちと一緒に見に行ったところ、今まで見たことのある教育用の太鼓よりはずいぶん見ばえも良く、たたいてみると音もいいような気がします。しかも、従来のこのテの物とは違って、皮（合成皮革ですが）の張り替えもできるとのこと。本物の太鼓は湿度などの管理が難しいし、重いので運搬も大変ですが、その点ではこの太鼓は優れもの、という説明を聞いて心が動きました。

　ただ、いくらポリエチレン製とはいえ、宮太鼓は1台30万円近くするし、締太鼓も5万円以上します。メンバーの数から考えて、最低宮太鼓2台、締太鼓6台は欲しい。それに太鼓を置く台、チャッパやすり鉦などの鳴り物……で、100万円近くになります。簡単に「じゃあ、買いましょう」といえる金額ではありません。

　しかし2年間古タイヤで我慢してきた子どもたちにぜひとも太鼓をたたかせてやりたい、という気持ちが強く、全員一致で購入を決定。私を含め、6家族で費用を出し合うことになりました。1997年のことです。

　注文して 10 日後、待望の太鼓が届きました。大きな段ボール箱を前にした皆のうれしそうな顔！梱包を解くのももどかしく、手を突っ込んでドンドンとたたいてみます。いい音です。

♪「出演料をためて本物の太鼓を」
　初めて小学校の体育館に運んで練習する日、A先生が様子を見に来てくださいました。

　太鼓を一つ一つたたいて、音を確かめては、腕組みして「う〜ん」と首を傾げておられます。いつも立派な太鼓をたたいておられる先生には合成樹脂の太鼓はオモチャのようなものかもしれません。ただ、たしかに本物とは音も全然違うでしょうが、本当にイキイキと目を輝かせて力いっぱいバチを振り上げている子どもたちを見ていると、買って良かった、と感じました。

　「たくさん出演料がもらえるくらい上手になってくださいよ」
　A先生がおっしゃいました。
　「出演料をためて、次は本物の太鼓を買ってください」
　えーっ！　まさか……と、その時は皆で笑っていました。それから 24 年、現在使っている「本物の」太鼓は、その後いただいた出演料や助成金で購入したものです。

♪ きょうだい仲良く
　太鼓が大好きなイクタさんは特別支援学校（当時は養護学校）の中学部に進学し、そこでケイさんという同級の友だちができました。何をするにも一緒という大の仲良しの二人。ケイさんも太鼓やろうよ、ということになり、ケイさんは弟のショウ君と一緒に入会することになりました。お兄さん風を吹かせているケイさんでしたが、ショウ君のほうがうまくたたけ

ると拗ねて動かなくなったりするので、お母さんはコントロールが大変でした。今ではアゴラ太鼓の中心メンバーとしてがんばってくれているケイさんですが、途中入会だったのでメンバーについていくのが大変だった、とお母さんはおっしゃいます。理解できないと固まってしまい、動かないし、何を言っても耳に入らないという状態でしたが、少しずつできるようになり自信がでてきました。今ではケイさんにとって太鼓は欠かせない存在になっています。「ケイがいることで親、兄弟がいろんな面で成長できたように思います」とお母さんはおっしゃいます。

　当時、他にも姉弟で参加しているメンバーがいました。障害がある人の兄弟は「きょうだい児」などと言われることがあります。一般に生きづらさを抱えている子どもたちとしてメディアにも取り上げられたりしますが、アゴラ太鼓に参加してくれていた兄弟たちはお互いに協力して、練習にも熱心に参加し、他のメンバーたちの模範になってくれていました。

♪ 見学に行ってもいいですか？

　アゴラ太鼓を立ち上げて5年目、2000年には様々な場所で我々の活動を知っていただく機会に恵まれました。教育委員会の講座で講演したり、大阪の福祉団体主催のコンサートに呼ばれて演奏したり、近隣の自治会の他、私の母校で行われたグローバルクラス（6カ国の高校生が集う）のイベントでも演奏して海外の高校生たちに拍手をもらったのもうれしい思い出です。アゴラ太鼓にとっても大きな飛躍の年でした。なかでも一番反響が大きかったのは、メンバーが通う養護学校の保護者会です。アゴラ太鼓の活動についてお話しし、演奏も聴いていただきました。

　何しろ障害のある子どもたちの保護者ばかりです、講演もみなさん身を乗り出すように真剣に聴いてくださって、太鼓の演奏では拍手喝采。終了後は質問攻めにあいました。「練習はどこでなさってるんですか？」「何曜日の何時から？」「楽譜をよめなくてもできますか？」「見学に行ってもいいですか？」「ピアノを習わせたいのですが」……。

そして次の練習日、さっそく見学に来たのが、当時高等部3年だったタ
ケシさん、ヤッちゃん、シホさん、そして小学部5年のユウ君、少し遅れ
てダイスケ君。また、時期を同じくしてエレクトーンが得意なアヤさん、
可愛い笑顔でいつもグルグル歩きまわっているマナちゃんもお母さんと一
緒にやってきました。

　急に大所帯になったアゴラ太鼓、とりあえず土曜日午後の限られた時間
を従来からのメンバーAチームと新入会員のBチームに分けて練習を始め
ましたが、より効率的な練習の仕方や新しい太鼓の購入、運営体制の見直
し、と課題が目の前に山積みになりました。しかし私が「まあ、なんとかやっ
ていきましょう」といつも通りのペースを崩さずやってこられたのは、どっ
しり構えてチームの運営や子どもたちを支えてくださっているお母さんた
ちのサポートのおかげです。

新入生たち

2002 年、地元自治会のとんど祭りで演奏

2002 年、地元自治会の盆踊り大会で演奏

音楽は栄養源

　息子の障害は「自閉症」です。

　進路について悩んでいた高等部3年のとき、水野先生が学校に講演に来られました。そして太鼓だけでなく、ピアノのご指導もされていることを知り、息子に「太鼓」と「ピアノ」どちらがしたいか聞くと「ピアノ」と答えたので、水野先生にお願いすることになりました。レッスンでは、息子の特徴に合わせて「先生のお話を理解」「音を聴く」「楽器に触れる」「曲への理解」を繰り返し行いながら着実に曲を仕上げていきます。

　そして初めての発表会。そこで私は「マリンバ」の音を初めて聴きました。心地よい音で、もしかすると息子の情緒にも良い影響があるのではと思い、マリンバも始めることになりました。マリンバはマレットを握るのはもちろん楽器に触れることも初めてだったので、不安なところもありましたが、思っていたよりもすんなりと楽器の音色を楽しんでいる様子でした。

　息子は几帳面な性格ですので、レッスンで上手に弾けないところがあれば帰宅してからも自分から何度もその部分を練習しています。発表会で1人ステージに立って演奏できたときには、小さな声で「よかった！」と一言、良い顔をし、上手く弾けなかったときは駄目だったような顔をしています。結果はどうであれ、私はその思いを大切に受け止め、次につなげて「頑張ろう」という気持ちを持ってくれればいいと思っています。

　音楽活動を通じて仲間もできて、楽しめることも増え、「音楽」は息子にとって大切な栄養源になっています。

（タケシさんのお母さん）

5 「趣味はマリンバです」

♪ マリンバという楽器

コンサートでタカシ君やその他教室の
メンバーが演奏するマリンバの美しい音
色やリズムのとりこになって、ぜひ習い
たいという人が続出。産休の戸田先生の
代理で来てもらっていた森田先生に、戸
田先生復帰後も継続して来ていただくこ
とになりました。

マリンバも打楽器なのでたたくという
動作は太鼓と似ていますが、大きな違い
はメロディーを奏でられるということで
す。深く、しかも華やかな音色で、聴
く人を魅了します。森田先生にマリンバの特徴をお聞きすると、一つは身
体全体を使って演奏すること、また左右の手を動かすので脳を刺激する
では、ということでした。二つめは、マレットで鍵盤をたたけば誰でもす
ぐに音が出るので、小さな子どもから大人まで幅広い年齢層の方々に楽し
んでもらえる、ということ。そして三つめは、マリンバが木でできている
ということです。その自然のエネルギーが身体に伝わり、身体全体でリズ
ムを感じ、身体を使って音を出す感動や喜びを知ることができる楽器だと
おっしゃっています。

♪ レッスンの様子

いわゆる健常の人に教えるのとは違って、レッスンには一人ひとり工夫
が必要です。自閉症のタケシさんには、繰り返し一つ一つを丁寧に指導し

てくださっています。何回も繰り返すことで頭にインプットでき、本人も納得してはじめて次に進めるというのです。ピアノでも同じですが、納得のいかないことがあると、家で何度も自分で練習しているようです。レッスンのとき、できないところがあると時々悔しい顔を見せるのも、タケシさん自身が上手になりたい、こう演奏したい、と考えているからでしょう。「成長された証だとうれしく思います。また、できたときのうれしそうな顔が私は大好きです」と森田先生はおっしゃいます。

　イクタさんは、ピアノも太鼓もやっているというのに、先輩のタカシ君が上手にマリンバを演奏するのを見てどうしても習いたくなりました。歌の曲が好きで、レッスンをしていない曲でも、自分で練習してくるときもあるそうです。楽しく体を動かしすぎて、音を外してしまうこともしばしばですが、それもご愛敬！と先生は寛容に受け止めておられます。

　ダウン症のイクエさんはいつもニコニコ、元気いっぱいの女の子です。何に対しても前向きで、ステージでのあいさつなど「はい！　やります！」とすすんで引き受けてくれます。

マリンバのレッスン

高等部を卒業し、就労して３年目のメッセージに「仕事とマリンバとの両立もがんばっています。『趣味はマリンバです』と言えるのがうれしいです」と書いてくれました。そんな言葉を

聞くと、こちらまでうれしくなります。

　アゴラ音楽クラブのコンサートは、小さいころから毎年聴きに来てくれていたそうです。お母さんは、不安でいっぱいの日々でしたが、コンサートを聴いて、もしかしたらこの子にも何かできるかもしれないと、希望をもらっていたとおっしゃいます。そして、小4からマリンバを習い始めたことは、イクエさんにとってそれまで身の回りのことを習得するのに必死だったところへの良い刺激になり、気持ちや行動に柔軟さが増えるきっかけにもなりました。
　「教えてもらった事ができたと思ったら、前に習ったことを忘れてしまって……という繰り返しですが、何度も何度も指導していただくことで、上手になりたい、という心も育ち、難しい曲にもどんどん挑戦しています」

　森田先生も「彼女の魅力は何と言っても〝笑顔〟です。明るくて、周りの人を幸せにしてくれます」とおっしゃいます。最初は16小節ほどの曲を覚えるのも大変だったそうですが、だんだんと覚えることができるようになり、数年前には10ページ以上の曲を覚えて演奏できるようになりました。また、最近では、演奏したい曲をリクエストしてくれたり、ほかの人が演奏しているのを聴いて、その曲を自分でも演奏したいと言ったりすることもあるそうです。

♪ アンサンブルの楽しみ

　アゴラ太鼓が仔鹿園（知的障害児通園施設）に演奏に行ったとき、ナオトさんはお母さんと一緒に聴いてくれていました。
　「生き生きとした表情で堂々と太鼓を打つ姿に憧れ入会しました」とお母さんはおっしゃっています。最初はナオトさんの手をお母さんが持ってたたくことからの出発でしたが、メンバーみんなが優しく、のびのびと練習に参加できたおかげで、中学生のときには文化祭で同級生と舞台に立ち

マリンバアンサンブル。2019 年コンサート

和太鼓の演奏をすることができたそうです。

　ただ、腕の関節の故障があり、アゴラ音楽クラブでは衝撃の多い和太鼓を続けることはあきらめて、今は森田先生にピアノの指導を受けています。

　マリンバアンサンブルではグロッケン（鉄琴）を担当したり、ピアノ伴奏をしたりと大活躍のナオトさん。弾きたい曲もたくさんあるのですが、森田先生は、弾きたいと思っても弾きにくそうにしているのを見て、少しでも好きな曲を楽しく演奏してほしいと思い、ナオトさんのできることは何か？　少しでもピアノが弾きやすくなるための指や身体の動きは？といろいろ工夫を重ねてくださっています。そして「やればできるやん」が魔法の言葉になり、チャレンジし、踏ん張る力に繋がっているとのことです。最近はドラムにも挑戦しているそうで、今後が楽しみです。

♪ 継続は力なり

　森田先生クラスの最初の生徒たちは、もう 20 年もマリンバを続けています。彼らの演奏を聴いていると、まさに「継続は力なり」を実感します。これは、前述したようにそれぞれの個性に合わせたレッスンの工夫や、ア

ンサンブルの楽しみによるところが大きそうです。

　森田先生は、基礎練習はもちろんのこと色々な曲を体験してほしくて、マーチなどの比較的テンポのはっきりしている曲だけでなく、なめらかに歌い上げる曲、ラテン曲、童謡、歌謡曲……など、様々なジャンルの曲を生徒本人やお母さんと相談しながら選曲しておられます。また、リトミックの資格も持っておられるので、指導にリトミックを取り入れることもあるそうです。

　「何事も『できない』と決めつけることはしないで、『ゆっくりでもいい。やったらできるよ！』と伝えています。できたときの素敵な顔は何とも言えないものです。生徒本人だけでなく、お母様も素敵な笑顔になり、幸せいっぱいの空間になります。そのことが、自信に繋がり、また新しい一歩を踏み出せるのだと思います」と、皆の成長ぶりに先生自身も「教えていて良かった」とやりがいを感じておられるようです。

マリンバクラスの仲間と森田先生（右端）

第 2 章

私たちの団体を
つくろう

1 アゴラ音楽クラブ結成

♪ スペースアゴラ音楽教室からの独立

　1988年奈良市富雄に開設した音楽教室に、スペースアゴラと名付けました。今さらですが「アゴラ」について少し説明したいと思います。

　アゴラというのはギリシア語で、広場という意味です。古代のギリシアでは街の中心に広場があり、そこでは市場が開かれ、演説する人やパフォーマンスを披露する人などもいて、多くの人で賑わっていました。すなわちこのアゴラは人々が交流し、情報を発信する場所になっていたと思われます。私はそのような場所を思い描いてアゴラと名付けることにしました。なぜギリシア？というと、私は学生時代ギリシア哲学を専攻していたからです。ギリシア哲学と音楽……異質なもののように思う方がおられるかもしれませんが、じつはプラトンはその著作『国家』の中で「……教育のあり方としては、身体のためには体育が、魂のためには音楽・文芸があるはず」（第2巻376 E）で、そのようにバランスよく教育された者こそが国家を護るにふさわしい、とソクラテスに語らせています[1]。その他音楽については様々なところで言及されていて、**古代ギリシア時代から人間にとって心（魂）と身体のバランスを保つために音楽が重要と考えられていた**ことがわかります。「アゴラ」という名前には、古代ギリシアから今日に至るまで脈々と受け継がれているこのような人間の生き方の根源にかかわる哲学を、いつも大事にしていきたいという気持ちを込めています。

　さて、2002年10月、そのスペースアゴラ音楽教室の中で「アゴラ音楽クラブ」を結成しました。「アゴラ音楽クラブ」は、何らかの障害のある子どもたち・成人が音楽を通じてコミュニケーションの輪を広げ、またより活発な音楽活動を展開していくことを目的とした任意団体です。それまでは「アゴラ太鼓」がそのような活動をしてきましたが、「アゴラ太鼓」は、半数はスペースアゴラ音楽教室でピアノやマリンバを学ぶ生徒であり、半

数は太鼓活動だけに参加しているメンバーで、音楽教室の一環なのか有志の集まりなのかはっきりしないところがありました。そこで、この際「アゴラ太鼓」だけでなく、ピアノやマリンバを習っている仲間も加え、障害のある人たちの「アゴラピアノクラブ」「アゴラマリンバクラブ」として、一緒に活動していく機会を持とうと「アゴラ音楽クラブ」の立ち上げを考えたのです。

　みんなの情熱や団結力を維持するためには、会計や運営方法を含む事務的なことをスムーズに運ぶ必要があります。その点でも障害のある子どもたちの保護者どうしで運営するほうがコミュニケーションをとりやすいということもありました。

♪ 多様性は失われるけれど

　これまでのスペースアゴラ音楽教室のユニークなところは、音楽大学を受験して演奏家への道を目指す人から、おけいこ事としてピアノやマリンバ、ヴァイオリンを習う子どもたち、子育てが一段落してレッスンを始めるお母さん、そして障害がありドレミを弾くのがやっと、という人まで、様々な人たちが集っていたこと。そして、発表会では皆同じ舞台に立ち、互いに刺激し合えたところです。とてもいい経験ができるという意見が多く、私もそれが誇りだったのですが、生徒たちの成長につれて状況も変わってきました。

　初めのうちはそれぞれの発表曲も小曲が多く、アゴラ太鼓も1、2曲が精一杯だったのですが、皆上達するにつれてソナタやヴァイオリン協奏曲など大曲を演奏するようになり、アゴラ太鼓もせめて5、6曲は演奏したくなりました。そうなると一緒のステージでは時間的にも無理がある、ということで、発表会も二つに分けざるをえなくなったのです。

　何より多様性を大事にしたい私としてはつらい決断でしたが、しかたありません。一歩前進、と前向きにとらえることにしました。

2「ピアノが弾けるようになると、字もきれいになりました」

♪ 音楽活動を始めて変わったこと

　ところで保護者の皆さんに、音楽活動をすることで子どもたちにどんな効果があったかアンケート調査（2009年3月）を行なったところ、アゴラ音楽クラブのメンバーは活動を始めてから身体面、精神面、対人関係などの面で能力が向上していることがわかりました（右表）。またこれは日常生活や学校、仕事の場にも反映され、字がきれいに書けるようになったり、器具の取り扱いや、パンや豆腐作りの作業がスムーズに行えるようになったり、販売の際に積極的に接客ができるようになるなどの変化が表れているというのです。アンケートの回答を見て、保護者の皆さんが音楽活動がもたらす効果を実感している印象を受けました。

　そして今後子どもたちに望んでおられるのは、コミュニケーション能力の向上、とくに**言葉による意思の表現**であるということがわかりました。ちなみにアゴラ音楽クラブのメンバーで言葉による意思表現が十分可能であるのは4分の1ほどです。

●音楽活動に参加して変化したと思われること

身体的側面

・体力がつき、あまり疲れなくなった。
・身体の緊張がゆるみ、スムーズに動けるようになった。
・（和太鼓）かっちりした体格になってきた。
・筋力がついた。
・不器用さが改善され、器具の取り扱いや豆腐のパック詰め作業がうまく行えるようになった。
・両手を上手く使えるようになり、パン作りの細かい作業ができる。
・両手が使えるようになり、字がきれいに書けるようになった。

精神的側面

・自主性が出てきた。
・今までは出来ないことにイライラしていたが、他人のアドヴァイスを聞けるようになってきた。また落ち着きが出てきた。
・集中力、理解力がついてきた。
・いつもうつむきで視線を上げられなかったが、少しずつ前を向けるようになってきている。
・がんばろう、という意欲が出てきた。
・自分が今何をしなければいけないのかがわかるようになってきた。
・精神的に安定してきた。

対人コミュニケーションの面

・コミュニケーションはとりにくいが、仲間の一人一人をよく見ている。（親には仲間のことを家で話す）
・話すことは少ないが人の話はよく聞けるようになり、理解しようとする面が見られるようになった。
・仲間とメール交換などでつながりたいという気持ちが見られるようになった。

●親として希望すること

・会話能力が増して、生活能力が少しずつでも上がってほしい。
・自分の気持ちを言葉で表せるようになってほしい。
・自分の気持ちや意思が自分なりに相手に伝えることが出来るようになってほしい。
・自主性が持てるようになってほしい。
・こだわりがもう少しゆるくなって、周りが良く見えるようになってほしい。

2

♪ 脳の指令が指先に届くと

　思うようにサッと身体を動かせない、というのはダウン症の特徴の一つです。

　「さあ、弾いてみよう」と声をかけてもだまってすわっている、手をとって鍵盤にのせて「おかあさんゆびで、レレレ〜」と横に弾いてみせても、指を動かそうともせずじっとかたまっている……第1章で紹介したイクタさんもそうでしたが、弾きたいんだけれど脳からの指令がうまく指先まで伝わらないのですね。ところが、なにかの拍子にスッとうまくいくことがあります。それは人それぞれがもっている「閾値（いきち）」のようなものといえるでしょうか。

　当初は歌いながら私が手の甲にツンツンツンと人差し指で触れて神経を集中させるとようやく弾き始めていたのが、しだいに腕をツンツンになり、肩をツンツンになり、今では身体に触れなくても声をかけるだけで弾き始められるようになったのは、ダウン症のキョウカさんです。

　キョウカさんは、小1からピアノを習い始めました。当初は、鍵盤に手を置くまで20分もかかり、なかなか弾くことができない状態が続いたため、やめさせるほうがいいのかとお母さんは悩まれたそうですが、絵本や布や他の楽器などを使ったり、大好きな校歌を歌ったり、あの手この手のレッスンで、だんだんピアノが好きになりました。さらに、発表会という大舞台を経験する度に上手に弾きたいという思いが芽生え、近頃では自分から進んで練習するようになったそうです。最近はディズニーの曲に取り組み、教室に来ると「れんしゅう、しました！」と自信をもって弾き始めます。そして「がんばったね〜！」とほめると、胸をはってドヤ顔。「フフフッ」と髪をかきあげるしぐさで笑わせてくれます。

　キョウカさんと同時期に入会したタイジさんもダウン症ですが、おっと

りしたキョウカさんとは違って動きが機敏でした。お母さんは、最初の頃はなかなか集中できずに、しょっちゅう「オシッコ！」と言ってはトイレに逃げ込んでいた、とおっしゃいます。音楽は大好きで、いろんな打楽器を並べ、譜面台にシンバルまでつるしてドラムのようにたたいてみたり、コンサートで聴いたお兄さんたちの演奏をまねて上手にトレモロを入れてマリンバを弾いてみたり、次々と楽しそうにチャレンジしていました。そしてタイジさんといえば、漢字。ホワイトボードに難しい漢字（時には自作の怪しい漢字も）をたくさん書いて教えてくれました。でも、ピアノが思い通りに弾けないと「ワァーッ」と鍵盤の上に突っ伏したり、いつの間にかどこかに逃亡したり、隠れたりするのです。好き勝手に弾くのは好きなのですが、指示通りに指を動かすのは難しいようでした。

　今では意気揚々と現れて、あいさつするのももどかしいという感じでピアノを弾き始めます。そしてうまく弾けると「センセ、できた！　すごいな！」と自画自賛。満足気です。

　現在26歳のトモキさんは5〜6歳の頃に一般の音楽教室の3歳児クラスに通っていましたが、ついて行けなかったとのことです。でも、お母さんはなんとか音楽に関わらせたいと思っておられました。そんなとき、小

キョウカさん。2004年

学校の先生から「富雄にこんなんやってはるとこあるよ」と、クレヨンハウスの「クーヨン」に載っていたアゴラ太鼓の記事を紹介されたのだそうです。それがきっかけで小2のときに入会したトモキさんは、まずピアノから始めることになりました。レッスンでは固まってしまって、何もしないで帰ることが度々ありました。やっと集中して練習できるようになったのは小5になった頃です。コンサートを目標に弾けるようになった曲をその後も弾き続けることで、自信とやる気が出て、新しい曲にも進みやすくなります。今もレッスンの最後には2年前、3年前に弾いた曲を復習するようにしています。

　「クーヨン」にアゴラ太鼓の記事が掲載されたのは1996年。アゴラ太鼓を結成してすぐで、まだ太鼓もなく古タイヤを並べて練習していたころです。それから25年、隔世の感があるとはいうものの、根っこは変わっていませんね。

♪ ピアノが弾けるようになると…

　はじめのうちは動きづらい左手を鍵盤にのせようとしなかったリコさんは、大好きな曲を弾きたくて、つっぱった指を動かしているうちに、しだいに和音も弾けるようになり、お気に入りの曲にもどんどん挑戦できるようになりました。今は大井先生（第5章）のクラスでピアノのおけいこを続けています。

　リコさんは仮死状態で生まれたため、幸いにも命をとりとめたもののからだ全体に軽い麻痺が残りました。手先も不器用で担当の先生には「少し大きめの手袋を常にはめている感じです」と言われたそうです。その不便さを想像し何とかそれを取り除いてあげたい、とたどりついたのがピアノだったのです。初めはピアノの椅子にまっすぐに座ることさえしんどそうでしたが、ピアノを弾くことで手が少しずつ動くようになるのがうれしいようでした。

　そして、ピアノが弾けるようになると別の変化も見られ始めました。**姿**

勢が良くなってきたなぁと思うと同時に、字がキレイになってきたのです。「本人にもその自覚があったようで、何か作業をする前にはピアノを弾く癖がいつの間にかついていました」（リコさんのお母さん）というのです。麻痺を軽減するために始められたピアノでしたが、そのような思いがけない効果までもたらしました。

　さらに、マークシートのマスが細かすぎて無理だろうとあきらめていた英検にも挑戦し、無事合格したとのこと。ピアノを続け、少しずつ麻痺を克服してきたことでリコさんの生活は多方面に広がりをみせているようです。

「クーヨン」（1996年）

3 からだでおしゃべりしよう

♪ 身体表現は音楽・歌と三位一体

　アゴラ音楽クラブを立ち上げたとき、私としてはぜひとも新設したいコースがありました。それは、ダンスです。ダンスにもいろいろありますが、私自身が長くシュタイナーのオイリュトミーという身体表現を学んでいたこともあり、人間の身体そのものが音楽・リズムであり得るようなもの、そして特別なテクニック（たとえばクラシックバレーに求められるような）や、自然に反した身体の動きを要しないなら、どんなものでもいいと思っていました。

　とにかくみんな身体を動かすことが大好き。ただ、学校に行っている頃はともかく、卒業してしまうとステージで踊るなどという機会もなかなかありません。せっかくの音楽クラブ、楽器を演奏して、太鼓もたたいて、歌もうたって、それで踊らないなんて片手落ちというものです。古代ギリシアの時代から、音楽・歌（詩の朗唱）・踊りは三位一体、切り離せないものでした。ぜひとも思いきり身体を使って表現する楽しさをみんなに味わってもらおうと企んでいたのです。

　そんな思いを理解してダンスの指導をしてくださる方はいらっしゃらないか、と探していたところ、それならあの先生がピッタリ……と、ケイさんのお母さんが紹介してくださったのは、高齢者や障害者のためのアダプテッドスポーツの指導や、障害のある子が親子で身体活動を楽しむクラブを主宰なさっていた鎮目久美子先生です。

♪ ダンスクラスを作る

　初めてメンバーに会ったときは、「とにかく元気！」という印象を受けたそうです。ダンスの指導ということで、「何をどんなふうにしていこう

46

か……」と思案していたけれど、その雰囲気を見て「これは楽しもう！」と思えた、と先生はおっしゃっていました。

2002年、鎮目先生が初めて来られた日、身体ほぐしに体育館の中をグルグル歩いたり、いろいろなステップをふんでみたり、跳んだりはねたり……思ったよりキツかったのを思い出します。「あーしんど」「ヒザがガクガクする」「目がまわる」など、参加していたお母さんたちは大騒ぎでした。

先生は、色々な年齢の人が集まるなかで、一人ひとりが目標に向かって練習を積み重ね、発表の場で思いっきり自分を表現する。それはとても素晴らしく大切な事だと言われました。

最初は、とりあえずアゴラ音楽クラブ第1回コンサートに向けて、ということで指導をお願いしたのでしたが、それだけでは飽き足らず、いつのまにかアゴラ音楽クラブの常任指導者に引きずり込むことになりました。月に1回のダンスレッスンですが、子どももおとなもとても楽しみにしていました。踊る、ということは人間の本能に根ざしているのですね。

ダンスクラブの目標は、① 楽しめること、② 身体でリズムがとれ自由に動けること、③ 自ら表現できること、です。先生はジャンルの異なった

2006年コンサート

2008年コンサート

曲を選び、身体が楽しく自由に動けるように、といつも素敵な振り付けを考えてくださいます。「③ができてはじめて本当のダンスの楽しさがわかる」とお話しされ、年々動きがこなれて「楽しみながら見せる」ことができるようになってくる皆を見て、「私自身が皆さんから感動をもらっています」と言ってくださいました。

♪ ボディー・トーク

　さてダンスの時間には、「**ボディー・トーク**」というプログラムも設けていました。

　「ボディー・トーク」は耳慣れないことばですが、鎮目先生のお話では、**「体がおしゃべりする」**というのは、緊張するとドキドキ、恐怖に身を縮め、責任感の強い人は頑張りすぎて肩がこる、といったように、心と体は無関係ではなくいつも作用しあって、シグナルを発しているということなのです。こうした作用から生じる動き（伸び、あくび、体を揺する、声を出すなど）で体を整えようとする運動を、自然体運動といいます。シグナルの出方は人それぞれですが、自然体運動を積極的に行うことで、それをキャッチできる感性を磨き、身のこなしが良くなる、とのことでした。

2007 年
ボディートークのレッスン

48

♪ 突然のお別れ

　鎮目先生はその後もとびきり明るく、元気いっぱいにダンスのレッスンをする一方、メンバーやお母さん方の身体を気遣い、お母さんのための身体ほぐし講座を開いたり、親身になって話を聞いてくださったりしていました。

　そして 2015 年の春のコンサートではいつもどおり「○○ちゃん、だいじょうぶ！　できるできる！　楽しくやろう」と舞台裏で皆を励ましてくださっていたのですが、実はその時すでにご自身の病気がかなり進行していて、なんとその 2 カ月後、突然亡くなってしまわれました。レッスンの後、片付けをしながらポツリと「人のこと言うてる場合じゃないんですけどね……」と言われたのが私の聞いた最後の言葉です。

　メンバーにとっても、お母さんたちにとっても、あまりに突然のお別れでした。

「鎮目先生には、キョウカが小学 2 年のときからお世話になりました。最初は全然動こうとせず勝手なことばかりしていましたが、先生は怒ることなく、優しく見守ってくださいました。9 年間のご指導のおかげで、今では月 1 回のダンスレッスンで先生に会えるのを心待ちにするようになっていました。それは私も同じで、身体の不調があると先生に対処の仕方を教えていただいたりしていました。

　忘れもしない 1 年前の 4 月、父が急逝して心身共にダメージを受けていた私の話を親身になって聞いてくださり、私の身体を 40 分もマッサージしながら、同じ境遇だったご自身の体験話をして、大変だけど頑張るようにと励ましてくださいました。先生には感謝してもしきれません」（キョウカさんのお母さんの追悼文より）

4 みんなにスポットライトを

♪ コンサートを企画する

　アゴラ音楽クラブを立ち上げたときの目標の一つは、年に１回、自主企画コンサートを行うということでした。行政や障害者支援組織で企画された障害のある人たちのためのコンサートでは多くの団体が出演するため、５〜10分程度しか持ち時間がありません。何十組もの団体の一つとして、流れ作業のようなあわただしさの中で演奏の達成感を得る余裕もなく終わってしまうのは物足りない。大勢の中に埋もれてしまうには惜しい個性的な才能の持ち主たちでした。彼らにもっとスポットライトをあてたい、と思ったのです。

　それぞれが取り組んでいるピアノ、マリンバの演奏をはじめ、和太鼓、ダンスなどチーム活動の成果をステージで十分に発表したいというのは、メンバーはもちろん、指導者と保護者たちの共通の思いでした。そこでいよいよ2003年春、20名足らずのメンバーが独奏、合奏、和太鼓、ダンスと３時間に及ぶステージでパフォーマンスを披露することになりました。第１回アゴラ音楽クラブコンサートです。一人ひとりがスポットライトを浴び主役になれるコンサート。私がずっと思い描いていたものでした。

　自主コンサートの目的の一つは、まずメンバーたちの自己表現意識を高めることです。そして「わたしのピアノきいてね」「マリンバじょうずにひけるようになったよ」という気持ちをどんどん育てていきたいのです。

　またコンサートというのは演奏者から聴き手への一方的なパフォーマンスの場ではなく、演奏者と聴き手の相互関係で作り上げる場です。お客様には、声援や拍手がメンバーたちの演奏をサポートしていることを体感していただきたいと考えました。そしてお客様の反応によって演奏そのものや演奏者の意識が変化するのと同時に、お客様は自分たちが演奏者に与

えた影響をフィードバックできます。演奏そのものの巧拙に関わらずこう
いった相互関係を築くことができるのが、ライブコンサートの醍醐味では
ないかと思うのです。

　アゴラ音楽クラブが自主企画コンサートを始めた結果、指導者の立場か
ら音楽パフォーマンスやメンバーについて外部で話す機会が増え、メン
バーたちへの演奏の依頼も増えました。様々な場でこの活動を紹介する機
会が与えられたこと、また学校や子ども会の行事、地域のイベントで披露
することで、他のコミュニティとの関わりが広がり、自主コンサートがも
たらした成果は大きいものでした。

2003 年　アゴラ太鼓

2003 年　八木節

2004 年
朱雀門前で

第3章

なぜ音楽なのか

1 対象が音楽なら「共同注意」が成立する

♪ 三項関係の中でコミュニケーションを育む

　相手の視線を追ったり、同一のものに注意を向ける行為は**共同注意**（joint attention）とよばれ、ふつう1歳前の赤ちゃんから見られます。赤ちゃん自身とお母さん、お父さんなどおとなとの関係（二項関係）から、その関係の外に存在するものを加えた関係を**三項関係**といい、三項関係の中で赤ちゃんがたとえばおもちゃを指さして「あれとって」と他者に要求したり、気になるものを指さして「あれ見て」と他者に共感を促したりするなどしてコミュニケーションが育まれます。

　それによって赤ちゃんは目の前にいる他者が自分とは別の意図を持った存在であるということを認識していきます。そしてこの三項関係における共同注意で重要なのは、たんに二人が同時に同じものを見る、同じものに注意を向けるというだけでなく「二人が一緒に同じものを見て、同じことを経験しているのだ、ということを知る」ことであるとトマセッロ（Tomasello）という人が言っています[1]。相手が何をしようとしているのか知ろうとするのと同時に自分が考えていることを相手に知ってもらいたい、相手と分かち合いたいというのは人間の基本的な欲求です[2]。相手の思いを知り、自分の思いをうまく伝えることで相互関係が築かれ、社会が成り立ってゆきます。この三項関係さえ成り立

共同注意

てば、たとえ言葉が話せなくても何らかの形でコミュニケーションがとれるでしょう。

♪ 音楽を対象にして三項関係を築く

　ところで自閉症の特徴の一つに共同注意が成立しない、三項関係を築くことが困難であるということがあげられます[3)]。が、じつは対象が音楽なら共同注意が成立することがしばしばあります。たとえば私の弾くピアノや歌に合わせてぴょんぴょん跳びはねていたマナちゃんは、弾くのをやめるといつもあわててやって来て、私の手を取って鍵盤の上にのせたり、自分の顔の前で人差し指を立てたりしました。「モウ１カイ！」という意味です。これは私が提示している音楽にマナちゃんも注意を向けている証拠です。また、同じく自閉症のヒロちゃんはいつも独り言を言って自分の世界にひたっているように見えますが、合奏になるとちゃんと他の人の音に合わせて自分のパートを演奏しました。弾き始める部分もしっかり伴奏を聴きながら鍵盤の上に広げた手をかざして待ち構えています。このように音楽を仲立ちにすれば他の人の意図を察することができるのですね。

　自閉症に限らず、複数の人が一つの音楽に注意を向ける、音楽を仲立ちにして一緒に歌う、合奏するということは、互いのコミュニケーションを円滑にする有効な方法です。

「モウ１カイ、ヒイテ」

2 一人で弾くより二人のほうが

♪ ピアノの連弾

　ここでは、ピアノ連弾で音楽（演奏）を通して相手と「合わせる」事例を紹介したいと思います。

　アゴラ音楽クラブでは、ある程度ピアノが弾けるようになると生徒どうしでペアを組んで連弾をすることにしています。もちろんレッスンではしばしば連弾という形で進めますが、その場合は先生と生徒ということで関係性が異なってきます。

　ことばでのコミュニケーションが苦手な人どうしが連弾で曲を仕上げていく過程に着目したのは、互いに注意力が増し、自分たちで曲作りをしていこうとするということに気づいたからです。

　どうすればうまく合わせられるか、自分の音と相手の音は合っているか、自分のことを相手はどう感じているだろうか、この部分をもっと練習してちゃんと合わせられるようにならないと……そんなことを自分で考えることができるようになるのです。

♪ イクタさんとケイさんの例

　イクタさんとケイさんの連弾の練習場面を紹介します。

　当時イクタさんはピアノ歴18年、ケイさんは8年。課題曲は文部相唱歌「茶つみ」で、第1パートはイクタさん、第2パートはケイさんの担当でした。

　記録時はこの曲を練習し始めて2ヶ月目でしたが、イクタさん、ケイさんともに未完成部分があって、互いに様子をうかがいながら進めている状態でした。

【場面１】
K＝ケイさん　Ｉ＝イクタさん
K「ここから」（と楽譜を指さす）
二人で弾き始めるが、全然合わずバラバラになる。
ケイさんはムッとした表情でボリボリ顔を掻く。
Ｉ「あー、ここのパターンがあかんかったー」（笑顔で）
ケイさんは手首を掻きながらも笑顔をみせる。
Ｉ「ここからやろか」
K「ここかな」
Ｉ「うん」
ケイさんは笑顔。

　　弾き始めたもののうまくいかなくてムッとしているケイさんに、イクタ
さんが「あー、ここのパターンがあかんかった（うまくいかなかった）」
と笑顔で言うと、ムッとした表情だったケイさんも笑顔を見せています。

【場面２】
ケイさんは弾く音がわからなくなり笑顔が消える。
水野「ここはレやね」
ケイさんは 真剣な表情で手首をボリボリ掻く。
一方、一人で弾いていたイクタさんが２回同じ間違いをする。
Ｉ「ごめーん」（笑いながら両手で顔を覆う）
水野「ありゃ、イクタ君もアカンなー」
K「×××って（休符忘れたらあかんって）」（ケイさんに笑顔が戻る）

　　音がわからなくなり止まってしまったケイさんに水野が音を示しまし
が、弾き直そうとせずに真剣な表情のまま手首をボリボリ掻いています。
しかしイクタさんがほぼ同時に２回続けてミスし、笑いながら「ごめーん」

と言い、水野もそれに反応すると、ケイさんも笑顔になり「×××って」とイクタさんに言います。聞き取れませんでしたが、イクタさんが休符を忘れたことを指摘している様子でした。

【場面3】
ケイさんは音がわからなくなり、楽譜をよく見ようと顔を近付けるしぐさを見せる。
イクタさんはケイさんの手元を見ながら待っている。
K「んーと……」（和音が弾けず、真剣な表情）
水野が楽譜の箇所を指さす。
ケイさんは黙って手をボリボリ掻いている。
水野「初めからやったほうがいいんじゃない？」
K「さき、上のだん、いきます」
I「いいよー」
水野「前奏からやね」
ケイさんは笑顔を見せ、身体でリズムをとりながら弾き始める。

　ケイさんが音を見失い、水野が楽譜の部分を指さしても弾こうとしないので、「初めからやったほうがいいんじゃない？」と声をかけると、急に生き生きして「さき、上のだん、いきます」と言っています。「上のだん（段）」というのはケイさんが一人で弾く前奏部分のことで、最も得意としている部分です。イクタ

連弾動作を記録

さんが「いいよー」と応え、水野が「前奏からやね」と言い添えるとケイ
さんは笑顔を見せ、身体でリズムをとりながら弾き始めました。

♪ 音楽でのコミュニケーション

　通常はピアノ歴が長く言葉もよく出るイクタさんが主導権を握ってお
り、最初の掛け声をかけたり、連弾を始めてから互いの音のズレや不協和
音に気付いて相手の手を見たり、テンポを調整しようとするのもイクタさ
んのほうであることが多いのですが、イクタさんに度々ミスがあったため、
ケイさんのほうが「よし、今度はぼくが」と主導権を握ろうとする場面が
みられました。

　ピアノ連弾では、テンポ、ハーモニー、強弱その他、互いの演奏を注意
深く聴き、合わせなければなりません。そのためには息を合わせること、
タイミングを感じ取ること、メロディーと伴奏のバランスをとることなど、
相互の緊密な連携が必要となります。このように観察してみると、ピアノ
連弾を通して相手の音に耳を傾け、二人の音が合っていないと「違う」と
気付いたり、相手の顔色をうかがうなど、様々な形での駆け引きというか
コミュニケーションが増えていることがわかります。年少の相手には気遣
いながら合わせる、うまくいけば二人でガッツポーズをするなど、二人の
葛藤や、妥協や、信頼、共感……そのようなものが見えてきます。

3 一緒にたたけばうまくなる

♪ 和太 "鼓" ミュニケーション

　楽器を合奏することはコミュニケーション能力に障害のあるメンバーの相互関係を促し[4)、5)]、特に打楽器によるリズムは自閉症ほか知的障害者の注意を引きつけ、協調を促す効果があるということが認められています[6)]。そして、リズムに合わせることによって発語を促す効果がみられるという研究もあります[7)]。

　知的障害のある人において最も改善が望まれている能力の一つが対人コミュニケーション、とくに言葉によるコミュニケーションであることは先に述べました。言葉の障害がある子どもの運動能力と聴覚リズムタイミングには関係があるといわれている[8)] ことからも、コミュニケーション能力を育てるのに音楽リズムを用いることは有効ではないかと考えられます。

　ところで、集団音楽療法で用いられる楽器はタンバリン、マラカス、ドラムなどのリズム楽器、あるいはサウンドチューブ、トーンチャイムなどが主流ですが、アゴラ音楽クラブがグループ活動で使っているのは和太鼓です。

　和太鼓を採用した理由は第1にくり抜いた木と牛皮から成る頑丈な楽器で、太い木のバチで強くたたいても破損する心配がないこと、第2に複雑な手続きや手先の巧緻性がなくても音が出せるシンプルな楽器であること、第3に**和太鼓の演奏は全身を使う大きな動作や掛け声を伴う"運**

動"という側面も持ち、多かれ少なかれ身体的にぎこちなさも伴う知的障害者が取り組むには最適な楽器であると考えたからです。そして何よりパフォーマンスが**カッコいい。しかも老若男女、多くの人に人気があります。**ドドーン！と力強く打ってポーズを決めれば、拍手喝さい。演奏者の達成感はとても大きいのです。

　和太鼓チームの保護者の皆さんに和太鼓活動に参加して感じられたことについてアンケート調査を行ったところ、メンバーは活動を始めてから日常生活においても身体面、対人関係の両面で能力改善が見られていることがわかりました。また結成当初は指導者対メンバーという関係が中心であった和太鼓活動に、最近はメンバーどうしのやりとりがしばしばみられるようになりました。

♪ 演奏動作の協調

　そこで、和太鼓チーム活動の中での相互関係に着目し、①ではベテランの年長者が年少者にお手本を示す場面を取り上げ、その相互関係を和太鼓演奏の動作の協調という点から、また②ではチームメンバーの練習前後の気分調査により相互関係がもたらす効果を自己意識の変化という点からみていきたいと思います。

①動作の協調

　実験当時トモキさんは和太鼓経験年数4年、イクタさんは和太鼓経験年数15年でした。ともにダウン症です。

　トモキさんに1分間に60回の速さで「ドーン、ドーン、ドーン、ドーン……」と打ってもらい、その後イクタさんと二人で同じように打ってもらいました。すると、二人で打つほうがトモキさんの姿勢がよくなり、バチ先の軌跡もそろってくるのがわかりました（図1、2）。リズムも一人で打っていたときより、正確になっています。

　また、トモキさん一人で打っているときは腕の振り上げ角度（腰―肩―

肘の角度）にばらつきがみられました（図3）が、イクタさんと一緒に打っ
たときには腕の振り上げ角度のばらつきが減少しています（図4）。

　リズム課題もやってみましたが、トモキさん一人で打っているときより
イクタさんと一緒に打っているときのほうが、リズムを正確に打てました。

　トモキさんはイクタさんの演奏を見て合わせようとし、またイクタさん
も合奏のときにはトモキさんのほうに注意を向け、摸倣しやすいように明
確なリズム、バチさばきで打とうとする様子がうかがえました。無意識で
しょうがお互いに調整し合っているのがわかります。

**図Ｉ　トモキさん一人でたたいた
ときのバチ先の軌跡**

**図2　イクタさんと一緒にたたいたとき
のバチ先の軌跡**

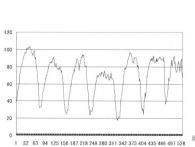

**図3　トモキさん一人でたたいた
ときの腕の振り上げ角度**

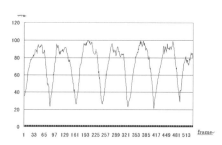

**図4　イクタさんと一緒にたたい
たときの腕の振り上げ角度**

4 「みんなで太鼓をたたいていると、
　　　　　　いつの間にか自信がわいてきました」

②気分調査

　和太鼓を演奏するのはかなり体力を消耗するにもかかわらず、練習が終わったときには疲れを感じるよりスカッとして身体がほぐれた気がします。お母さんたちもストレス解消になる、とおっしゃいます。メンバーたちはどのように感じているか知りたいと思いました。

　そこで、ことばを理解し表現するのが苦手な人が大半なので、質問紙ではなく、痛みの評定法として用いられている VAS（Visual Analog Scale）からヒントを得て、気分調査を行いました。練習の前後に視覚的に理解しやすい 0 ～ 100 までの目盛りを印刷した用紙（図5）を配り、体調気分を含めた「元気度」、和太鼓の練習に対する「自信度」をメンバー自身がチェックするという方法をとりました。その際、理解を助けるため「今の元気はどれくらい？」「太鼓をうまくたたける自信は？」「今日はうまくできたかな？」などと言葉で問いかけて「これくらい」と線を引いてもらいます。

結果

　グラフは（図6）、メンバー A ～
H の 8 名を対象に 10 回調査した
結果の平均値を表しています。「元
気度」は練習前より後のほうが全
員上がりました。C、D、F、G は
比較的経験年数が長く、ベテラン
といえる人たちです。練習前は元
気がなく、たいてい 20 前後の低い
数値にチェックをする E は、練習

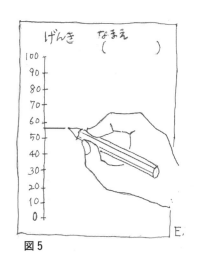

図5

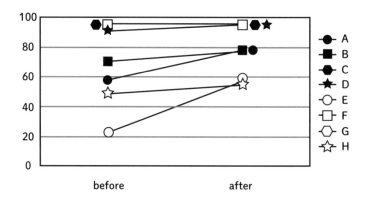

図6　太鼓練習の前と後での元気度の変化（10回の平均）

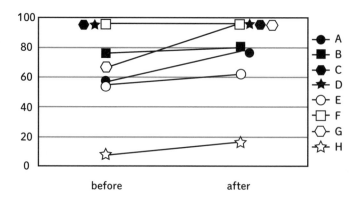

図7　太鼓練習の前と後での自信度の変化（10回の平均）

後には発話も増え、元気度が 50 以上に大きく増加していました。

　また自信度も練習後のほうが全員上がっていることがわかります(図7)。気分が落ち込むことが多く、和太鼓の練習にもしばらく参加できていなかったため自信については 10 以下の低い点をつけることが多かった H も、練習後には 10 以上の点をつけています。

♪ みんなでたたくと元気になれる

　あくまでも目安ですが、気分調査の結果からは、気分が落ち込む傾向のある人も和太鼓チームでの練習によって元気度や自信度が向上することがわかりました。話を聞くと「**みんなで太鼓をたたいていると、いつの間にか元気になって自信がわいてきた**」というのです。経験が長くもとより自信を持っている人たちは気分調査も高い度数を示していますが、そのような核になるメンバーがペースメーカーになり、演奏に自信が持てなかったり疲れていたり気分が落ち込んでいたりするメンバーを彼らのペースに引き込む現象がみられています。これこそグループダイナミクスによる効果といえるでしょう。

　自信のあるメンバーも初心者や上手くたたけないメンバーに手本を示すという役割を与えられることでさらに自己有能感が増し、積極的に他のメンバーと関わることがふえているのを感じます。

　太鼓は本来楽譜どおりに演奏するものではなく、呼吸と密接に関係のある言葉のリズムを打つものです。演奏そのものが相互コミュニケーションといっても過言ではありません。知的障害者にとっても受け入れやすい明確で理解しやすいリズムや動作がいっそうコミュニケーションを促す要因になっているといえるでしょう。聴覚的なリズムの同調だけでなく、視覚的にポーズを合わせ、またアイコンタクトをとりつつ掛け声もかけ合うということが、和太鼓演奏の特徴ともいえます。

3

初めの頃は、太鼓の練習中になかなか自分の思いを伝えられなくて、泣きながら教室を飛び出してしまったりと、周りのみんなをずいぶん驚かせたことが何度もあったナツコさんは、今では皆の理解とやさしい声かけなどで感情の爆発もなく落ち着いて練習に打ち込めています。アゴラ音楽クラブは心地よい居場所になっているようです。14年という年月が先生、仲間との絆を太く強くしてくれたのでしょう、ナツコさんのお母さんも今では安心して見ておられます。

　他のメンバーも、今でも自分の気持ちと太鼓を打つタイミングが合わないとなかなか打ち始められなかったり、注意されると固まってしまったり、なかなか修正がきかなかったり、難しいことはありますが、いつも前向きに楽しく続けられているのは、皆で打ち終えたときの達成感があるからだと思われます。

ナツコさん

ちびっこたちの登場。2008年コンサート

5 音楽家は記憶力がいい？

♪ ダウン症の言語短期記憶能力

　ダウン症の人は**新しい言葉の学習能力が乏しく、語彙が少ない**と言われています。幼児期から話し言葉の獲得が遅く、青年期になっても語彙数や理解力のわりには**文章が作れない**という研究論文もあります[9]。

　また多くの研究論文でダウン症の人が数字や言葉を記憶する際、**短期記憶に遅れがある**ことが指摘されています。ダウン症に多く見られる難聴が影響しているのではないかという説[10]もありますが、Marcell らは記憶テストに視覚刺激を加えたり、高性能のヘッドフォンを通して聴覚刺激を与えても結果に変わりがなかったことから聴力が原因ではないだろうと述べています[11]。また他の可能性としてダウン症の人の発話の速度が遅いことや言語障害があげられています[12]が、発話速度の問題は短期記憶の主要因ではないことを Jarrold らが示しています[13]。

　そこで、この短期記憶能力を向上させるにはどうすればよいか、実験も行われています[14], [15], [16], [17]。それらの実験では絵カードなどを用いた長期間の記憶トレーニングを行い、トレーニング後のほうが記憶テストの成績が高いことを示しています。絵カードや文字カードを見せてすぐに隠し、何が描いてあったか答えさせるトレーニングです。しかし、絵カードや文字カードで記憶トレーニング……ダウン症の子どもたちにとって、どうでしょう。トレーニングはもっと楽しくできるほうがいい、と私は考えました。

♪ 音楽家と非音楽家

　一方、健常者の言語短期記憶の研究では音楽のトレーニングとの関係を調べた Ho の調査があります[18]。その研究では、6才から15才の音楽トレーニング（楽器のレッスン）を受けた子どもと受けていない子どもの言語復

唱課題と絵の記憶（見せられた絵が何の絵だったか答える）課題の成績を比較しています。その結果、**音楽トレーニングが視覚ではなく言語の短期記憶に特化した効果をもたらす**ことがわかったというのです。Franklinらの研究では少なくとも 9 年以上演奏を継続している音楽家と、非音楽家の言語記憶を比較しています [19]。その結果、言語の短期記憶は非音楽家より音楽家のほうが高いことが示されています。

♪ 音楽を習っているダウン症の人は？

　しかし、ダウン症の人を対象にした研究に音楽を用いた例、あるいは長期の音楽トレーニングを受けたダウン症の人を対象にした調査例は世界中の論文を探しても見当たらないのです。ダウン症の人が正式に音楽レッスンを受け、しかも 10 年以上継続しているような例はほとんどないからということもあります。そこで私はダウン症の人たちの言語短期記憶と長期の音楽トレーニングとは関連があるか調査することにしました。Ho やFranklin の健常者対象の調査と同様、ダウン症の人でも長期にわたって音楽のトレーニングを受けている人と、受けていない人の記憶スパンには違いがあるのではないか、と考えたからです。

6 記憶力トレーニングより
音楽トレーニングのほうが効果的

♪ 数字の復唱実験

　ダウン症、自閉症、その他知的障害のある人たちがアゴラ音楽クラブと私が講師をしている知的障害者授産施設から参加してくれました。参加者のうち約半数は音楽のトレーニング（毎週楽器演奏のレッスン）を受けており、半数は学校での授業以外で音楽の練習をした経験がありません。健常者は音楽クラブスタッフと大学の学生さんが参加してくれました。今さらながら、皆さん快く実験に参加してくださって本当にありがたいことでした。

　なお、この調査に関しては参加者の保護者（健常者は本人）には文書にて実験の説明をし、同意を得ています。

計測の手順

　数唱（2〜5桁）が各桁24問あり、12問はG音（ソの音）のみ、残りの12問はメロディーを付けてステレオスピーカーから流します。参加者はスピーカーから100センチ離れた椅子に座って聴きました。数唱は数字を一つずつ、例えば156であれば「イチ、ゴー、ロク」と唱えます。呈示する順序はG音のみでの数唱を4個→メロディーを付けた数唱を4個→G音4個→メロディー付き4個……とし、順序効果を防ぐため参加者ごとにG音のみの数字とメロディー付きの数字の順序を逆にしました。なお、これらの音声は「VOCALOID2 初音ミク」で作成し、スピーカーから呈示します。人の声ではばらつきが生じるからです。初音ミクを使ったという点でも先駆的であったと思います。

　参加者はスピーカーからたとえば「サン、ロク、ハチ」と流れてくるのを聞き、「はい」と言われると「サン、ロク、ハチ」と復唱します。そして参加者が24個中6個以上の課題に正答できれば次の桁数に進み、5個

以下しか正答できなかったり、テストを続けたくない場合は、その時点で
テストをやめることにしました。

♪ 音楽を習っているダウン症の人は言語短期記憶能力が高い

　ダウン症の人において、長期の音楽トレーニングと言語短期記憶能力に
相関関係があることがわかりました。

　先ほど紹介した絵カードを使った記憶トレーニングの研究ではトレーニン
グ前に行われた記憶テストでの聴覚数唱記憶の平均は 2.22 桁 (Laws,1996)、
1.97 桁 (Comblain,1994)、2.53 桁 (Conners,2008) という結果が出ていま
す。私たちの研究でも音楽訓練を受けていないダウン症の人の数唱記憶スパ
ンは約 2.2 桁と先行研究で見られた数値と同程度で、音楽訓練を受けている
人（約 2.7 桁）との有意な差が見られました。

　5 年以上音楽トレーニング（ピアノ、和太鼓など）を続けているダウン
症の人の結果をみると、3 桁では 24 題中ほぼ半数くらいを正答、4 桁を
復唱できる人もいました。ただ、メロディーをつけた数唱と、G（ソ）の
音での数唱との正答数には相関はみられませんでした。

　興味深いのは、自閉症やその他の知的障害のある人の結果からは、長期
の音楽トレーニングと言語短期記憶能力には相関関係がみられなかったと
いうことです。

　この研究で、参加者は少なかったとはいうものの長期の音楽訓練が言語
短期記憶能力向上に効果をもたらすことが健常者だけでなくダウン症の人
にも当てはまる可能性が示されたことになります。

♪ 研究成果は世界へ

　この 論 文 "Effect of Long-term Music Training on Verbal Short
Term Memory of Individuals With Down Syndrome"（長期の音楽ト
レーニングがダウン症者の言語短期記憶に与える効果）は奈良先端科学技
術大学院大学の柴田智広准教授、柴田研の大杉直也さんと佐久間春夫先生

との共著として Journal of Special Education Research に採択されました²⁰⁾。柴田先生にはいつも「論文は英語で書かないと意味がない。日本語で書いたものは日本でしか通用しませんよ」と言われていました。英語の苦手な私にはとても大変でしたが、徹底的にご指導いただいて書き上げた初めての英語論文でした。

　その後も、柴田研の研究員だった船谷浩之さんにご協力いただいて、以前行った動作分析のデータをまとめた"Wadaiko Performance Enhances Synchronized Motion of Mentally Disabled Persons"（和太鼓パフォーマンスは知的障害者の協調動作を促す）という論文が、「Perceptual & Motorskills」という雑誌に掲載されました²¹⁾。なんとその後、これをドイツの大学で教授から紹介されたという方が現れ、柴田先生が「論文は英語で書くもの」とおっしゃっていた意味がよくわかりました。英語で書いておくと、世界中で誰かの目に留まるチャンスがあるのです。

　ところで、障害のある人にとって、絵カードを使った記憶能力開発法や、いわゆる健常者と同様の教育カリキュラムに沿った教育より、それぞれの個性、興味や能力に応じて能動的に取り組めるようなプログラムを開発することこそ「特別支援教育」のあり方なのではないかと私は思っています。アゴラ音楽クラブのメンバーにみられるように音楽の演奏やダンスに楽しんで取り組むことで自信や向上心を得て、それが心身の能力向上につながっていくとすれば、特別支援教育のカリキュラムの中に音楽トレーニングをもっと取り入れてもいいかもしれません。少なくともダウン症の場合、絵カードで記憶力訓練をするよりは、ずっと楽しくて効果的ではないでしょうか。「記憶力訓練より音楽を！」私のミッションは、これを世界に発信していくことだと考えています。

第4章

NPO法人って
なに？

1　NPO 法人にしたら何が変わるんですか？

　「アゴラ音楽クラブ」を設立して 10 年になる 2011 年、アゴラ音楽クラブを NPO 法人にしようということになりました。任意団体設立当初から NPO 法人という選択肢はありましたが、子どもたちはもちろん保護者にもまだ先が見えず、団体として何ができるかもわからない状況で、一歩踏み出すことはできませんでした。

　しかしこの 10 年の間に、アゴラ音楽クラブは大きく変わりました。地域社会での認知度はかなり上がり、支援してくださる方も増えました。私自身、大学院に研究の場を得ることができ、ますます取り組まなければならない課題も見えてきました。音楽実践活動はより拡大しつつ、国内外に研究成果を発信していきたい……ただ、公の事業に参画するにせよ、大学や研究機関と連携して研究を行うにせよ、信用のおける団体であるという証が必要になってきます。これからさらに活動を広げていこうという今こそ NPO 法人として土台を固め、ステップアップに備える時期ではないかと考えたのです。

　でも、NPO 法人とは何かといわれると、実は私にもよくわかりません。
「NPO にしたら何が変わるんですか？」
「今までのアゴラ音楽クラブとどう違うの？」
「そんなややこしいこと、できるかなあ……」
「このままでいいんじゃないですか」
と二の足を踏むお母さんたちに、
「アゴラ音楽クラブがもっと大きくなって、世界に羽ばたけるようになるには、ちゃんとした組織作りをしなくっちゃ！」
と大きな法螺（？）を吹きまくって、NPO 法人を立ち上げたのは 2011 年でした。

　まずNPO法人を設立するには何が必要で何から始めればいいのか、と
りあえずざっくりした方針だけでも立てていきたいと思い、奈良NPOセ
ンターに電話をしました。奈良NPOセンターは友人が関わっていたこと
もあり、存在だけは以前から知っていたのです。奈良NPOセンターの
ホームページを見ると「ＮＰＯの設立から運営に関するご相談に応じてお
ります」と書かれています（奈良NPOセンターは2020年に解散）。日時
の予約をしてセンターに伺い、私たちの団体の概要などをお話し、これを
NPO法人にするためにはどうすればよいか、など相談しました。アゴラ
音楽クラブは従来のスペースアゴラ音楽教室と重複している部分と、保護
者が運営している部分（アゴラ太鼓やダンスクラブ）があり、一つの組織
にするには問題がいろいろあって調整が必要だったからです。しかし、話
を進めるうちになんとなくできそうな気がしてきました。

　私自身念願の学位を取得したばかりで、今後はさらに研究を進めながら
その成果を社会に還元することに力を注ごうと気合いは十分。とにかく一
歩踏み出さないと事は運びません。より効果的に活動を進めるためにアゴ
ラ音楽クラブをNPO法人化する作業を本格的に始めました。法人化して
まず変わろうとしているのは、組織が音楽活動実践の部分と学術研究の部
分の大きく2本立てになることです。

　2011年5月14日、第9回春のコンサートのステージ上で「今年はア
ゴラ音楽クラブをNPO法人にします」と宣言。それを聞かれた方々から
法人ができたら賛助会員になるよ、という声をいただき、とてもうれしく
心強く感じました。

♪ 役員就任の依頼
　5月、コンサートを終え、奈良先端科学技術大学院大学准教授（現在九

州工業大学教授）柴田智広先生に理事就任のお願いをしました。NPO法人化を強く勧めてくださっていた先生は快諾し、「学術理事」として学術研究のボスになっていただくことになりました。

　NPO法人には役員として3名以上の理事及び1名以上の監事をおかなければなりません。アゴラ音楽クラブは、指導者、保護者が皆協力的で信頼関係が厚く、したがって任意団体時の保護者の役員、指導者にも理事に就任してもらえれば今後の運営がスムーズにいくだろうと考えました。保護者代表2名、指導者（マリンバ・バイオリン・ダンス）3名に依頼したところ全員の承諾を得ることができました。これで私を加えて7名の理事を確保したわけです。

　さて監事は、奈良女子大大学院時代の恩師で、私の活動の最大の理解者である佐久間春夫先生以外に考えられません。先生にお願いするとご多忙にもかかわらず快諾してくださいました。そんなわけで5月末には役員が決定しました。

♪ 申請書作成

　6月、さて、いよいよ申請書類作りです。まず団体の定款です。定款は県の協働推進課が作成した雛形があり、それを下敷きにして作成します。最も重要なのは「第2章　目的及び事業」でしょう。

　目的は、「この法人は、身体・精神あるいは知的に障害を持つ者に対して、音楽を主とした指導及び演奏活動、また学術研究に関する事業を行い、障害者福祉に寄与することを目的とする。」としました。簡潔で過不足のない条文にするのはけっこう難しいものです。

　次に、特定非営利活動の種類についてです。特定非営利活動促進

法は平成 24 年 4 月に改正されましたが、それ以前はそこに特定非営利活動の分野が 17 種類（改正法では 20 種類）示されていました。そのうちアゴラ音楽クラブが行う活動は以下の 5 種類にします。

(1) 保健・医療又は福祉の増進を図る活動（第 1 号）

(2) 学術、文化、芸術又はスポーツの振興を図る活動（第 4 号）

(3) 人権の擁護又は平和の推進を図る活動（第 8 号）

(4) 子どもの健全育成を図る活動（第 11 号）

(5) 科学技術の振興を図る活動（第 13 号）

　後で付け加えるとなると大変なため、少しでも関係すると考えられる活動は最初から入れておいたほうがよいと奈良 NPO センターでアドヴァイスをいただきました。

♪ アゴラ音楽クラブが行う事業は……

　そして、上記の各活動における事業については、次のように定めました。「第 5 条　この法人は、第 3 条の目的（上記の 5 項目）を達成するため、次の事業を行う。

① 　身体・精神あるいは知的障害者対象の音楽指導、ワークショップ、コンサート事業

② 　前項 1 号に規定する事業を行うために必要な指導者・ボランティアの養成と教材の開発・提供に係わる事業

③ 　身体・精神あるいは知的障害者が行う音楽その他の活動の支援・情報の提供に係わる事業

④ 　学校、自治会、その他の施設や団体主催のイベントでの公演及び啓蒙活動に係わる事業

⑤ 　身体・精神あるいは知的障害者の能力改善、社会参加その他に関する支援及び学術研究に係わる事業」

　あまり具体的に規定してしまうと、そこからはみ出ることができなくなるし、そうかといってあまり曖昧でも具合が悪い、というのでずいぶん悩

みました。

　また、設立趣旨や事業計画、予算書、役員や社員（会員は社員といいます）の名簿を作って6月21日に県協働推進課でチェックしていただいたのですが、万全のつもりでも誤字脱字が見つかったり、必要な記述が抜けていたりし、付箋がたくさん付きます。持ち帰って指摘通りに注意深く書き換えます。

♪ 設立総会に向けて

　7月1日には理事・監事に就任いただく皆さんに住民票の準備をお願いしました。提出書類に役員の住民票を添付しなければならないのです。そして7月23日には全社員の皆さんに設立総会を開催する旨の案内を出します。会期は8月27日です。設立総会は社員の50％以上の出席・委任状がなければ成立しないので、その旨を明記しました。設立総会ではNPO法人設立申請の諸々の申請書類について社員の皆さんに十分理解し納得していただけるように説明しなければなりません。パワーポイントを使ってわかりやすく説明できるよう、資料を作りました。

　8月19日には再び申請書類を持って奈良NPOセンターに行き、アドヴァイスを受けました。その後も再三メールのやり取りをして、なんとか書類を完成し、設立総会に臨みます。

　8月27日の設立総会は社員21名中14名の出席と、7名の委任状の提出があり、問題なく成立しました。

　ところで、NPO法人になると「パブリックサポート」をどれだけ受けているかが、その法人の評価基準の一つになります。活動をより多くの人に理解してもらい、サポートしていただくにはどのような方法があるか、ホームページや機関紙などを使って広報すること以外、まだこれといった具体案を示すことができず、課題を残したまま閉会となりました。

♪ 書類を提出

　再び NPO センターに相談に伺って事業計画や予算案を練り直し、9月4日に理事会を召集して、申請書類を最終確認し、9月8日に奈良県協働推進課に申請書類を提出しました。あとは結果を待つのみです。

　認証までには約3ヶ月かかるとのことだったので、その間にまずホームページを立ち上げることにしました。支援者を増やすためにも見やすくわかりやすいホームページにしたい……、Web 担当を引き受けてくれた息子にホームページ作成を依頼しました。もちろん、何をどのように見せたいかについては再三議論を重ねました。

　また、リーフレットも作りました。様々な施設やイベント会場などに置いて手に取って読んでもらうには、目立つデザインと、見やすさが要求されます。これは写真や文章を揃え、広報理事の娘にレイアウトを依頼しました。

　認証がおりたら早速設立登記などの手続きがあるので、印鑑やゴム印などを準備しておかなければなりません。これはインターネットでいろいろ比較して適当なものを注文しました。

4

3 NPO法人アゴラ音楽クラブの誕生

♪ 認証される

　申請書類を提出してからちょうど3ヶ月たった12月6日、県協働推進課から認証されたと連絡が入りました。念願の**NPO法人アゴラ音楽クラブの誕生**です！

　さて、それからが大忙し。まず認証書を受け取って法務局へ行き、設立登記手続きをします。その後法人名義の銀行口座を作ろうとしたところ、法人の印鑑証明、履歴事項全部証明書、身分証明書、活動を示す書類が必要とのことで、また法務局へ書類を取りに行かなければならなくなりました。前もって調べておくんだった、と反省。さらに税務署(国税、県税、市税)には法人設立届を提出しなければなりません。もっともアゴラ音楽クラブの場合は収益事業を行わないので手続き自体は簡単で、添付書類として定款の写しと登記事項全部証明書があればすみました。

　ところで認証が確定したと報告すると、柴田学術理事からさっそく提案がありました。年内にプレスリリースを行おう、というのです。プレスリリース！？　そんな大層な！と思いましたが、たしかにせっかく立ち上げるNPO法人、誰にも知られないようでは意味がありません。ためらう暇もなく柴田理事から矢継ぎ早に指令が届きます。
「今週中にはリリース文書を練り上げましょう」
「奈良県文化教育記者クラブに相談しましょう」
「関係各所にFAXをしてください」
「それまでにホームページを立ち上げなくては」
「リーフレットは……」
——ちょ、ちょっと待って！
　お正月休みを利用してホームページ立ち上げを予定していた息子は大慌

てで夜なべ仕事、娘が担当していたリーフレットも印刷所から届いたのは27日と、ギリギリセーフでした。

♪ プレスリリース！

　結局、年の瀬も押し迫った12月29日に記者発表を行うことになり、アゴラ太鼓のメンバー3名と学術理事ほか3名の理事、そしてパソコンにつないで太鼓演奏の動きを記録するデバイス「Kinect」の説明をしてくれる研究担当者1名がスタンバイし、朝日新聞社と奈良テレビの取材を受けました。もっと多くの取材を予定していたのですがさすがに年末で難しかったようです。

　奈良テレビは早速当日の夕方の報道番組で紹介してくださいました。1分余りのごく短い時間に過不足なくうまくまとめられていたのには感心しました。朝日新聞には年末年始のイベントのニュースが落ち着いた1月14日に写真と共に紹介記事が掲載されました。また記者発表のときは来られなかった産経新聞、地域の情報誌、時事通信社の方が後日取材にみえて記事を書いて下さったのですが、対象が同じでも視点が違うとこれだけ変わってくるのか、と驚くほど内容は様々でした。

**Kinect を使った
動作計測**

朝日新聞奈良版 2012.01.14

知的障害ある人に太鼓・マリンバ

楽器指導へNPO

ダウン症など知的障害のある人たちが、楽器演奏を通じて心身ともに生き生きとした生活を送ることを目指すNPO（非営利組織）法人が、奈良市に設立された。演奏で指先などの運動能力が上がったり、周囲とのコミュニケーション力が高まったりする効果が期待できるという。

奈良市富雄北1丁目のNPO法人「アゴラ音楽クラブ」は、ピアノ教師の水野恵理子さん（58）が理事長を務め、10〜30代のダウン症、自閉症の人たち約15人が参加。太鼓やマリンバなどの練習に毎週集まり、地域の催しなどで演奏を披露している。

ダウン症のある吉田育太さん（26）は「太鼓は楽しい。心が気持ちよくなる」と話す。

前身の団体は2002年から活動してきたが、さらに体制を強化しようと県からNPO法人の認証を受けた。

活動に共感した奈良先端科学技術大学院大学の柴田智広准教授（情報科学）が協力し、市販の体験ゲーム機を利用して演奏中の動きを撮影、立体画像化できるシステムを開発した。

水野さんは「法人化で大学や行政機関との連携にも弾みがつけば」と話している。問い合わせはクラブ（090・3941・6892）へ。

水野恵理子さん（左）の指導で、息の合った演奏を披露する「アゴラ音楽クラブ」のメンバー＝奈良市富雄北1丁目

♪ 設立記念コンサート

アゴラ音楽クラブ第10回コンサートはNPO法人設立記念コンサートを兼ねることになりました。

前回までの来場者で連絡先がわかっている約160名に案内状を送付します。

いつもはリソグラフで質素なプログラムを作っていたのですが、広報理事からせっかく設立記念なのだからフルカラーでいいものを作ろう、と提案がありました。とても安い印刷所を見つけたとのことです。理事がデザインを引き受けるというので一任し、フルカラー8ページで、会員はもとより各理事、監事の写真やメッセージも入った絢爛豪華なプログラムができ上がりました。

当日はいつにもまして気合いの入った演奏となり、幕間には全理事がステージに並んで挨拶しました。ロビーではいつもの作品展示や活動紹介に加えて学術研究部によるポスター発表やKinectを使った動作記録（モーションキャプチャー）のデモンストレーションも行い、華々しくNPO活動のスタートをきったのでした。

4

4 NPO法人としてのミッション

♪ 何のために？

　NPO法人を立ち上げたとき、次のような「設立趣旨書」を提出しています。

　「近年、身体・精神あるいは知的に障害を持つ者の生活の質（QOL）を高めるためスポーツや芸術活動などに参加したいという希望者が増加している。しかし、それらの受け入れ態勢は十分とは言えず、音楽活動に関しては単発的なイベントや音楽レクリエーションに参加する機会はあっても継続的な演奏活動、トレーニングができる場はごくわずかである。本法人は、身体・精神あるいは知的に障害を持つ者に対して**音楽を主とした指導及び演奏活動**を行い、それによって障害者の**余暇活動さらには社会参加の機会を提供**する。同時に**教材の開発、指導者の育成、ワークショップ**など音楽療法を学ぶ者・支援者・保護者などを対象とした活動を行う。

　また音楽の療法的効用に関するわが国の学術研究はまだ進んでいるとは言えない状況である。本法人ではこれらの音楽活動が障害改善にもたらす効果その他について研究機関と連携して**学術研究**を行う。これらの活動・研究の公益性、また対社会的認知及び信用を高める必要性により特定非営利活動法人を設立し、障害者福祉に寄与することを目的とする」

　そしてそれを実践するために掲げたのが、先にあげた5つの事業でした。
① 障害者対象の音楽指導、ワークショップ、コンサート事業
② 指導者・ボランティアの養成と教材の開発・提供に係わる事業
③ 障害者が行なう音楽その他の活動の支援・情報の提供に係わる事業
④ イベントでの公演及び啓蒙活動に係わる事業
⑤ 障害者の能力改善、社会参加その他に関する支援及び学術研究に係わる事業

これらの5つの事業とは具体的にどのようなことを行っているか、ご紹介したいと思います。

♪ どんな事業を？

　①の音楽指導についてはこれまでの章でお話ししましたが、それに加えて発達に不安のある年少の子どもたちを対象に「どんひゃら広場」という音楽あそびの会を開催しています。先生方のアイデアでリトミックや楽器遊び、歌など親子で楽しんでもらう会です。時々は先生やメンバーたちのミニコンサートを聴いてもらったり、いろいろな音楽体験をしてもらいます。その他、「和太鼓体験会」も行ってきました。「どんひゃら広場」や「和太鼓体験会」に参加したのがきっかけでアゴラ音楽クラブに入会したメンバーもいます。

　②では教育関係者や障害者の療育に携わる方々、音楽療法関係の方々を対象にいろいろな場所で講座やワークショップを開催しています。そして、和太鼓指導の参考になれば、と2018年3月にかもがわ出版より『心とからだを育てる和太鼓　保育園・幼稚園・障害児教育の現場からはじめよう』を出版させていただきました[1]。これは、保育園や幼稚園、障害児教育の現場ですぐ使っていただけるように構成した和太鼓の手引書です。コロナ

2015年、どんひゃら広場

2016年、和太鼓体験

禍で直接指導に行けなかった幼稚園からは、これを参考に和太鼓あそびを行った、と連絡をいただきました。書店はもちろんインターネットでも購入できますので、和太鼓を導入してみようと考えておられる方はぜひご利用ください。

これからも、アゴラ音楽クラブの先生方の知恵を結集して障害のあるなしにかかわらず楽しめる音楽あそびの本を作っていきたいと考えています。というのも、まったく動こうとしない子が思わず振り向き、いっしょにやってみたくなるような魅力たっぷりの音楽あそびや、だれでも楽しく参加できる楽器遊びのネタを先生方はたくさん持っておられるはずだからです。

そして③では、おもに障害児・者の通所施設で音楽レクリエーションの指導を行っています。

♪ メンバーも貢献

④は、アゴラ音楽クラブのメンバーたちが地域社会で活躍できる部分です。

その一つに高齢者施設への訪問があります。最近は高齢者の施設で音楽レクリエーションを取り入れておられるところがたくさんあるのですが、以前訪問した施設では職員の方が「男性はなかなか参加されなくて……」とおっしゃっていました。カラオケなら別でしょうが、皆で歌ったり楽器を演奏したりするのなら「遠慮しとくわ」という方が多いらしいのです。ところが、和太鼓を運び入れて皆さ

保育園・幼稚園・障がい児教育の現場ではじめよう
心とからだを育てる和太鼓
障がいのある子も楽しめる！
生活発表会もこの1冊でOK！
水野惠理子 著
かもがわ出版

んの前で演奏したときのこと、女性より男性のほうが目が輝き出しました。「さあ皆さんにもたたいていただきましょう。どなたか……」と言うと、真っ先に手を上げられたのは男性でした。「和太鼓、いいですねぇ。自然に腕も上がって、運動にもなるし」職員さんもびっくりの和太鼓効果です。アゴラ太鼓の演奏が高齢者の皆さんにも元気を届けています。

　2000年頃から「コミュニティーミュージックセラピー」という考え方が広まりました。音楽療法をクライエントと療法士の閉じられた関係の中で行うのではなく、クライエントが生活している有機的な関係、社会、文化、

2014年、高齢者施設訪問

体験コーナー

コミュニティの中で音楽を用いて健康を改善、回復、維持するのを助けるという考え方です。アゴラ音楽クラブではさらに一歩進めて、知的障害児・者のコミュニティにおける音楽活動を音楽療法としてというより社会と繋がる一つの手段として進めてきました。障害のある人、ない人の間にある見えない壁をなくすのもアゴラ音楽クラブのミッションの一つです。自治体主催のイベント、自治会のお祭り、学校の行事……機会があればどこへでも出かけて演奏を披露していますが、その中でもとくに子どもたちとのふれ合いは大切にしたいと思っています。

　最後の⑤学術研究に関しては、コロナ禍の今、やむをえずストップしています。新学術理事の池田篤俊先生は就任後、深度画像センサを使用してピアノ演奏における手指の関節運動を定量的に計測・解析し、熟練者との比較や練習による演奏および表現能力の変化を定量的に評価する手法の確立を目指そう、と計画を立ててくださったところでコロナ禍に突入してしまいました。学生さんも参加してアゴラで研究が再開される日が楽しみです。
　先述したように、アゴラ音楽クラブのメンバーのように知的障害がありながら20年、30年もの長い間継続して楽器演奏に取り組んでいるのは、世界でも希少な例といえます。その活動の成果を発表することは、きっと今後の障害児支援の方向を示す役に立つに違いありません。

♪ 生涯続けられる活動に

　このように継続して音楽に取り組み、また音楽を通じて社会と繋がりを持つことはとても大切なことではないかと思っています。というのは、**特別支援学校を卒業した障害者にとって参加できる余暇活動は限られている**という現実があるからです。最近はスポーツや芸術活動などに参加できる機会が増えたとはいうものの、まだまだ制限は多いのです。武蔵氏ら（2009）の調査では学校を卒業後、地域での活動に参加している知的障害

者は半数に満たないという結果が報告されています[1]。また同調査では**自分を高める目的で教育的活動（習い事など）に通う者は全体の１割程度**という結果でした。中村氏、細谷氏（2021）による研究を見ても、やはり余暇の過ごし方は一人でテレビやビデオを見たり、ゲームをすることがほとんどという状況がうかがえます[2]。

　アゴラ音楽クラブでは、短期目標より長期目標を重視して、楽しみながらできる限り長く、生涯にわたって続けられるような、生活に密着した余暇活動をめざしたいと考えています。なお本当に楽しむためには、根気や忍耐、努力ということも必要です。これは障害があろうがなかろうが同じではないでしょうか。「障害があるのだから、このくらいでいいだろう」と勝手に限界を決められて、精いっぱいの挑戦をするチャンスを奪われてしまうと、得られる達成感や喜びは半減するでしょう。達成感や喜びが大きいほど、次の目標に向かう力は大きくなります。

　アゴラ音楽クラブは、音楽を楽しみながらそれぞれのペースで着実に夢に近づく力をつけられる場所でありたいと思っています。

4

アゴラは特別な場所

　私の娘には、重度の知的障害があります。彼女は幼い頃から人と関わることが大好きでした。いつも周りを和ませ、いつの間にか皆を笑顔にさせてくれるような娘です。

　しかしこの子がこれからも、ずっと楽しく生活していくには……と考えたとき、親にできること、娘ができることには限りがありました。「幸せ」とは、この子が皆と同じようにできるようになることではなく、一人でも多くの人に彼女のことを知ってもらい、障害があっても楽しく、元気に、一生懸命生きている子どもたちがいることを理解してもらうことではないか。彼らが今よりもっと楽しく幸せに生きることができる社会になれば、それはみんなにとってもやさしくて、幸せな社会になるはずです。

　限られた狭い場所だけでなく、学校以外にも自分が楽しめる世界がある。卒業しても集まれる仲間や自分の思いを自由に表現する場がある。それをみんなに知ってもらえる、応援してもらえる、繋がれる場がある。それが「アゴラ音楽クラブ」です。障害があろうとなかろうと、そんなこと関係なく純粋に、音楽や好きな事に一生懸命頑張っている彼らの姿は、私たちにいつも笑顔と元気と勇気を与えてくれます。今アゴラは、子どもたちだけでなく、親にとってもかけがえのない場所になりました。一人ひとりの力は小さくても、みんなが集まれば、きっと楽しく何でもできる。アゴラ音楽クラブは私たちにとって、そんなパワーをくれる特別な場所です。

（カナさんのお母さん）

第5章

それからの10年

1 ステージという魔法

　コンサートに出演しているときのメンバー自身は傍らから見ていても心から楽しんでいるように感じられますが、見守っている保護者たちはどのように感じているでしょうか。コンサート（あるいは音楽クラブ）に参加するようになって次のような変化があった、と保護者の皆さんは言っています（下表）。

- **大きな声を恥ずかしがらずに出すことができるようになった。**人前に出ることが苦痛でなくなり、対人関係もうまくとれるようになってきた。
- 存在感が出てきて本人も親も希望がもてるようになった。
- 目標に向かってがんばれるようになったことが自信になり、他のいろいろなことをする上での意欲につながっていると思います。
- 本人はいろんな事に興味を持ちやってみたいという気持ちがあるのですが、不器用でうまくいかないことが多く、すぐにあきらめたりなげだしてしまい、自分に自信がもてないようです。そんな中で、**みんなに「○○くん上手い！」と言ってもらえることは、とてもうれしいらしく、ピアノは唯一自分からアピールできることです。**
- コンサートにむけて（目標を持って）がんばる、そして成し遂げたときの充実感が次へのステップになっていると思う。**人から「よかったね！」とほめられることがとても力になっている。**
- 昨年、初めてみんなの前でピアノを演奏したことを一番の思い出にしています。
- コンサートという大舞台を経験した後、自信につながったのか**急にスラスラピアノが弾けるようになった。**

♪ 仲間に入りたい！

　NPO 法人設立以降に参加したメンバーには、アゴラ音楽クラブのコンサートを見て感動し、入会したい、子どもに入会させたいと思った、という人が多いのですが、聞いてみるとみなステージを見ていて、
「すごくかっこいいと思った」
「和太鼓をたたくのが夢だった。ぜったい（チームに）入りたいと思った」
「皆さんが生き生きしていた」
と話しています。

　体験会に参加したときはとてもおとなしい印象でしたが、今やメンバーにも一目置かれるほど成長したのは、スポーツも得意なダイキさんです。スポーツをやっているだけあって体力があり、また身体の使い方が上手。和太鼓をたたくには肩甲骨から腕全体を使い、とくに手首のスナップをきかせることが大事ですが、これは野球のボールを投げるときの腕の使い方に通じることをダイキさんは示してくれています。

　2016 年 9 月、中学 3 年のときに初めてアゴラ音楽クラブのコンサートを見て、習いたいと言ったそうです。新しいことに挑戦することは苦手なので本当にできるのか半信半疑で通い始めたところ、レッスンが楽しくどんどんのめり込んでいきました。

　初めてのコンサートでは、チーム一丸となって演奏できたことが本当にうれしく、お母さんは涙が止まらなかったそうです。一人の力だけではなくみんなの力が集結すると、思ってもみないことが起こることも体験しました。

　そして 19 歳になった今年は、ベテランメンバーのチーム（A チーム）での挑戦です。B チームとは曲の難易度も違い曲数も多いので、はじめは大変でした。しかし大変だからこそ、上手くなりたいと思っていることがお母さんにもとても伝わってくるようです。こんなダイキさんを見て「こ

5

のような気持ちは育てようと思って育つものではありません。アゴラ音楽クラブは、それぞれの可能性を信じ、最大限引き出してくださるので、向上心を持ち続けることができるようです」とお母さんは言われます。レッスンのときに「できたね」「よく覚えたね」と言ってもらうと、帰宅してからお父さんにうれしそうにそのことを報告しているそうです。

♪ 幅広い年齢層

　ダイキさんが入会してすぐ、幼いころから仲良しだったというシュウさんも誘われて入会しました。シュウさんは細身で一見か弱そうに見えます。力のいる和太鼓はどうだろう、と初対面のとき感じたほどです。

　お母さんは、特に音楽が大好きというわけでもなく、決まりのある動きをまねることやみんなと合わせることも苦手なシュウさんが、毎回約2時間のおけいこについていけるのか、それ以前にまず行きたくない、と言うのではないかと非常に不安だったそうです。しかし、それらは全て杞憂に終わりました。今では練習にもガイドヘルパーのNさんとともに真っ先に来て台車を押し、太鼓運びを手伝ってくれています。はじめは自分勝手なリズムでたたいたり、じっとすることができなかったり、とお母さんにとっては不安いっぱいでしたが、少しずつ気をつけるポイントがわかってきたようです。

　お母さんはアゴラ太鼓の魅力的な点の一つに、**参加者の年齢層が幅広い**ことをあげてくださっています。「学校の中だけでは卒業してからの自分像をなかなか想像することができません。自分もあんなふうになりたい、と思える人に出会えることは本人の中から予想以上のパワーを生み出すことに繋がります。魅力的な先輩たちに出会えたことは本当にありがたいです」

♪ 言葉は出なくても

　先述したように、アゴラ音楽クラブでは発達に偏りがある年少の子ども

たちを対象に「**どんひゃら広場**」という音楽あそびの会を催しています。どんひゃら広場では、歌をうたったり音楽に合わせて動いたり、楽器を鳴らしたり、また太鼓も体験したりしてもらいます。このどんひゃら広場に以前参加してくれたフウちゃんがアゴラ太鼓に入会しました。フウちゃんも、コンサートを見たのがきっかけで太鼓を始めることになった一人です。フウちゃんは声をだすことが難しく、言葉がでません。太鼓を通じて、表現の場所が、またひとつ増えれば自信に繋がるのでは、とお母さんは期待を寄せています。

　はじめてから2年間はほとんど片手だけか、両手同時にしかたたけなかったのですが、最近は手を交互に動かせることがふえてきました。それを見たほかのお母さんたちは「フウちゃん、できてるやん！」「いつのまにできるようになったん！」とびっくり。「フウちゃん、すごい！」なんて注目されても、以前のように恥ずかしくて下を向いてしまうこともなくなりました。

5

仲良しのダイキさんとシュウさん

フウちゃん

♪ のんびり行こう

　フウちゃんもそうですが、Bチームには自分のペースでゆっくり太鼓を楽しんでいるメンバーたちがいます。メンバーにとってはお姉さんのサキカさん、アヤさんもそうです。

　アヤさんのお母さんは、和太鼓は生涯学習だと思っています、とおっしゃっています。無理をせず自分のペースで楽しむのも大事なことではないでしょうか。

　彼女たちはとても優しく、なかなか動けないメンバーに「○○ちゃん、こっちおいで」「○○ちゃん、いっしょにやろう」と声をかけてくれたり、手をつないで連れてきたりしてくれます。このような関わり合いでチームの雰囲気が柔らかくなると、新メンバーも輪の中に入りやすくなります。

　チームの中に入ると固まってしまい、まだ一人ではたたけないリュウノスケさんも、優しいお姉さんたちのおかげで表情がゆるんで、笑顔が見られるようになりました。

♪ ステージの神様

　以前体験にも参加し、小学校3年生になっていよいよ正式にアゴラ太鼓の仲間に入ろう、と入会したユキノさんは、練習が始まっても教室の隅に

Bチームのメンバー

座り込んだままでした。そのうちいつも持っているぬいぐるみにバチを持たせてたたく真似をさせたり、前に置かれた締め太鼓をたたいたりし始めたのですが、お姉さんメンバーたちがいくら「一緒にたたこう」と誘ってくれても頑として動きません。

　学校の文化祭では和太鼓をイキイキとたたいていたので大丈夫だろうとお母さんは思っておられたのですが、学校の太鼓のレベルとは格段に違い、お兄さんお姉さんのメンバーたちが力強くたたくのを見て、一緒にたたきたい気持ちはあるものの気おくれして立ち上がれなかったのでしょう。そんな状態が1年以上続き、コンサートの日が近づいてきました。

　そしてコンサート当日、思いがけないことが起こったのです。

5

部屋の隅でぬいぐるみに太鼓
をたたかせるユキノさん

忘れられないコンサート

　コンサートの参加が決まったときには、母親 (私) ゆずりのお祭り女で
ステージなど本番に強いユキノなので、もしかしたら立ってチームの皆さ
んとたたけるかも……という希望的な思いと、やはり出られないかもしれ
ないと半信半疑の思いでした。 本番当日の練習で、お揃いのTシャツを着
て、ステージにセットされた太鼓に自分で歩いて向かい、そのまま立って
たたいたときには驚きと喜びでしたが、先生やチームのお母さん方も一緒
に喜んでくださいました。私はチームのお母さん方がいつも優しいお気持
ちでユキノをずっと見守ってくださっていたことを知り、感激しました。

　そして、いよいよステージ本番になりました。やはり雰囲気に緊張を感
じて、自信がなくなってくる様子が手に取るようにわかりました。太鼓は
たたけなくても、一緒にステージに立つだけでも、何かしらユキノのこれ
からに残ると思い、それでいいとステージに向かいました。ステージで不
安な気持ちとたたきたい気持ちで葛藤しているのがわかりました。そして
ふと、たたきたい気持ちが不安な気持ちに勝っていく様子が目の輝きでわ
かりました。そこからは、一人で太鼓をたたくだけでなく、ステージを楽
しんでいるユキノの姿に、頼もしさを感じました。たたき終わると、本当
に充実した笑顔で「できたよ〜！！」と言いました。できるかどうかの不
安に打ち勝てた瞬間を一緒にステージで経
験させてもらうことができました。私たち
親子にとって、忘れられないコンサートで
した。

（ユキノさんのお母さん）

私はステージには不思議な力があると感じています。舞台袖からステージに出て行くときの顔と、演奏を終え拍手をいただいて舞台袖に戻ってくるときの顔は、まったく違います。自信に満ちてキラキラ輝いているのです。そして、なんと、いつの間にか動かなかった指が動くようになっていたり、どうしても弾けなかった部分が弾けるようになっていたりする。おまけに、お母さんたちの子どもを見る目もキラキラ輝いているのです。きっと、ステージの神様が魔法をかけているに違いありません。

♪ コロナ禍中の新入生

　入会したとたんに新型コロナ感染予防のため練習自粛が続いたソウイチロウさんは、コンサートも未経験です。

　小学校4年生のときの運動会のエピソードをお聞きしました。3、4年生合同のソーラン節のダンスを映像に収めるため、ご両親が前のほうでビデオをもって待っておられたのですが、曲が流れ始めて周りの子どもたちが腰をかがめたりクルクルまわったり太鼓をたたいたりしているのに、ソウイチロウさんはほぼ立った状態でピョンピョン不安そうに飛び跳ねているだけ……その姿から不安やもどかしさが伝わってきて涙が出たのを今でも覚えておられるということでした。

　その後お父さんの仕事の都合で3年間マレーシアで過ごし、帰国後はぜひ和太鼓をさせたい、と思われたそうです。そしてアゴラ音楽クラブに入会されることになったのですが、アゴラ太鼓は緊迫した雰囲気ではなく、伸び伸びと楽しく参加できて、ソウイチロウさんも8年前とは比べ物にならないぐらい成長しました。そして楽しそうに周りの仲間や先生の振りを見ながらリズムを取って太鼓をたたくことができるようになりました。

　今や8年前の不安で自信のない顔ではなく、生き生きと自信に満ちた顔に変わっていきました。発表会も楽しみにしているようで、「絶対に見に来てや！」と言ってくれているそうです。

　2020年、21年は大勢の集まるコンサートやイベントは残念ながらでき

5

そうもありませんが、いつかは新型コロナの感染拡大も終息するはず。今のうちにしっかり力を蓄えておいて、他のメンバーをびっくりさせてほしいと思っています。

♪ ステップアップをめざして

アゴラ音楽クラブが軌道に乗ってきた 2007 年から、月に 1 回アゴラ太鼓のステップアップクラスの指導に来てくださっている水﨑一充先生は「メンバーは、少し複雑なリズムや手順がでてくると、戸惑いを見せながらも懸命に太鼓に向かい練習しています。できるようになったときのうれしそうな笑顔と得意げに演奏をみせてくれる姿がとても印象的です」とおっしゃいます。

水﨑先生は幼稚園や保育園で和太鼓やマーチング、幼児体育などを指導してこられたので、子どもたちと仲良くなるのはあっという間でした。笑いが絶えない楽しいレッスンを皆楽しみにしています。しかも太鼓の演奏がカッコいいので、メンバーたちの憧れの的なのです。

水﨑先生とは和太鼓を始めたころ、指導なさっていた生駒山麓太鼓という和太鼓チームの練習場に何回かお邪魔したことがあり、そこで初めてお目にかかりました。その後あちこちの講習会に参加していて一緒になることがたびたびあり、ひそかに目をつけて（！）いたのです。アゴラ太鼓のステップアップのために指導に来ていただけないかお願いしたところ、快く引き受けてくださいました。それからもう 15 年近くになります。

水﨑先生は KAGURA という団体を立ち上げて和太鼓の指導をなさっているし、生駒山麓太鼓ほか多くのチームと関わりがあるので、アゴラ太鼓は他のチームと比較してどのように違うか、たずねてみました。するとこんな言葉が返ってきました。

「個人的な感じ方ですが、他のチームが参加するコンサートは上手く見られたい！　他のチームより我がチームのほうがすごい！　言葉には出しませんが、それが演者から伝わってきます。

アゴラ太鼓は、演奏に対して無心！ まっすぐ！ 邪念がない太鼓を打つという感じがします。それが聴いている人の心を打つんじゃないのかと私は思います」

♪ アゴラに引き寄せられました

さて、NPO法人を立ち上げてしばらく後、ホームページを見て訪ねて来られた方がありました。長谷川真澄さんです。ご自身も和太鼓をなさっていて、しかも障害者関係のボランティアをしたいと思っておられたとのこと。「家は近いし、土曜日の活動だったので、もうバッチリ！ アゴラに引き寄せられたという感じです！」というわけで、ほぼ毎週アゴラ太鼓の練習のサポートに来て、出演、遠征にも同行してくださるハセちゃんこと長谷川さんは、アゴラ太鼓にはなくてはならない存在になりました。

ソウイチロウさん

水﨑先生

5

アゴラ太鼓のメンバーとともに

　アゴラ太鼓を訪ねたのは、８年ぐらい前。それからボランティアという名の下、楽しんでいる私です。一番楽しみにしているのは、イベントやコンサート。その度に、みんなの緊張感と充実感を一緒に共感することができます。やりとげた後の一体感が最高にいい気分です。世界大会や全国大会、宿泊の旅とステージでの演奏は、今でも思い出すだけで胸がジーンとしてきます。

　そこに至るまでの練習はみんなとても真剣です。先輩メンバーは、いつもまわりに優しく声かけをします。後輩メンバーも、先輩のようにうまくなりたいとがんばります。ちょっと自信がなくて太鼓の前に立てない子。何ヶ月も……何年も……。でも、心はいつも参加しています。みんなと一緒。そんな子どもたちを一番信じているのが、水野先生です。いつもニコニコ声をかけています。そして、座り込んでいた子が、ある日突然立ち上がり演奏し始めるのです。

　私はこのチームワークと心の繋がりが、とても素晴らしいと感じ、ずっとこのアゴラ音楽クラブのメンバーと一緒に過ごしたいと思っています。そして、私が怪我をしたり元気がなかったりしたときも、「ハセちゃん」と声をかけてくれるメンバーに、ありがとう！

（長谷川　真澄）

2 「今まで熱心に教えてもらう機会がなかった気がします」

♪ 新スタッフ

　NPO法人として活動を始めると、友人や知り合い、恩師など多くの方が賛助会員になってくださいました。その中の一人F氏が「水野さんの活動にぴったりの人がいるんですよ」と紹介してくださったのが大井裕子先生です。ピアノがご専門ですが、障害児から高齢者までを対象に幅広く音楽療法を実践しておられる先生ということで、さっそくアゴラ音楽クラブの主力スタッフに加わっていただきました。「当時父の介護を機に音楽療法に興味を持ち、勉強していた私に、もしかしたら父がF氏を通して水野先生に出会えるように導いてくれたのかもしれません」と大井先生はおっしゃいます。というのも、お父様が亡くなったときにお参りに行かれたF氏がつなげてくださったご縁だからです。

　大井先生にはピアノのレッスンはもちろん、音楽療法も担当してもらっています。おまけにとてもわかりやすくメンバーたちが覚えやすい曲を作ってくださるので、アゴラ音楽クラブのテーマソング「どんひゃら音頭」の作曲も担当していただき、2020年にはダウン症協会奈良北支部で企画された歌プロジェクトの「コロナに負けないで」の作詞・作曲も手がけられました。（※アゴラ音楽クラブによる楽器演奏編はYouTubeで見られます。https://www.youtube.com/watch?v=NamDTs_Ub2w）

　初めてアゴラ音楽クラブの教室にみえたときのことを、「履歴書を差し出す私に水野先生は『あ、いらないです。信用してますから』と中を見ないで返してくださったことを思い出します」とおっしゃっています。また、メンバーみんなで歌詞を作るので曲をつけてくださるようお願いしたときも、先生の力を信用してますから、の一言だったようですが、私の無茶ぶりもなんのその、みごとに期待に応えてくださるので、いつも大船に乗った気持ちで任せています。

5

ピアノレッスンや音楽療法実践においても、メンバーがそれぞれたくさんの可能性を持ち合わせて純粋で素直に水を吸い込むスポンジの如く吸収する力が素晴らしい、と評してくださいます。また、メンバーの集中力も「半端なくすごい」と、才能を引き出してくださっています。

♪ 音楽療法

　アゴラ太鼓に入会したダウン症のリュウノスケさんは、入会当初からまったく言葉が出ず、表情もかたくて、練習場でも自分から動くということがありませんでした。お父さんやお母さんが後ろから腕を支えないとバチを振り上げようとしません。ただ、お話をうかがうと、小学生時代まではおしゃべりもできて太鼓やマリンバを演奏するなど生き生き活動していたというのです。そこで集団活動よりまずはきめ細かな個別の音楽療法が必要だと感じていました。そこにタイミングよく来てくださった、経験豊富な大井先生にお任せすることにしました。

大井先生

あきらめず、寄り添って

　リュウノスケは、2000年8月に夫リンパ球免疫療法（現在は世界中で中止）という習慣流産を防ぐ治療を受けて誕生した一人息子です。長年、子宝に恵まれなかった私たち夫婦にとって、胎内で生き続け、無事誕生してくれることだけが夢でした。胎児のときから、音楽を聞かせ、語りかけ、生まれてからもずーっと、音楽と共に生きてきました。

　小学校まで地域のお友だちと仲良く一緒に育ち、神社の子ども太鼓連に参加。集団練習のときは全く演奏しませんでしたが、2年後、小学6年のとき、神社の秋祭りで全ての曲を完璧に演奏できたのです。幼い頃から打楽器のある場所へ連れていくと、自ら心の中のリズムを即興演奏する子でしたから、継続して打楽器を楽しめる場所を探しておりました。縁あって養護学校の中学部から通い始めたのが、「アゴラ音楽クラブ」です。

　思春期には、ダウン症の退行様症状を発症。5年間の全緘黙症など辛い時期もありました。治療や環境調整中に、自閉症の合併が遠因ではないかとの診断がありましたが、いつか音楽が右脳を刺激して心の扉を開き、彼らしく力を発揮してくれる日がくると信じています。長い道のり、あきらめず、一歩一歩、寄り添って。

（リュウノスケさんのお母さん）

リュウノスケさん

色とりどりの楽器、澄んだ響きのベルなど、大井先生が手を替え品を替え根気よくセッションを続けてくださったおかげで、最近はリュウノスケさんに笑顔が見られ、時々は声も出て、そして教室に置いている太鼓をリズミカルにたたくようにもなりました。

　アゴラ太鼓でも一緒にたたけるようになる日がくることを信じています。

♪ 夢中になれる時間

　新型コロナウィルスの感染状況が少し落ち着いた 2020 年夏に入会したセナさんは、知的障害があります。音楽が大好きでずっとなにか習いたいと思っていたのですが、その機会に恵まれませんでした。アゴラ音楽クラブに入会して、身体的な改善はもちろん、**「夢中になれる時間」** を持つことができたことが一番の変化だとお母さんはおっしゃっています。セナさんはピアノだけでなく、マリンバにも一生けん命取り組んでいます。

　ある日のレッスンのこと。何回も間違え、くり返してもなお、先生は「ごめんね、しつこくて。もう 1 回」と言って教えてくださったことがとてもうれしかった、とお母さんはおっしゃいます。セナさんが何回もくり返し練習して上手くなることがうれしいというより、先生がセナさんに対して"あきらめない"で教えてくださっているということがとてもうれしいというのです。**「今まで障害があるということで、何かを学んだり熱心に教えてもらう機会があまりなかったように思います。でき**なくても、覚えが悪くても、すぐに忘

セナさん

れてしまっても、あきらめずに教えていただける先生方がいることにとても感謝しています」というお母さんの言葉に胸が熱くなりました。

　大井先生は、アゴラ音楽クラブに来てからの5年間で、少しずつの頑張りが大きな成果に繋がっていくということを実感したとおっしゃいます。「できた！　弾けた！」という成功体験が大きな自信に繋がっていき、また次に挑戦する力を湧き立たせてくれる……このようなメンバーから、先生自身が教えられ、支えられていると感じられることも多いとのことです。

♪ どんひゃら音頭
　大井先生が曲をつけてくださった「どんひゃら音頭」は、メンバーや保護者の皆さんが寄せてくださったことばをつなげ合わせて作りました。アゴラ音楽クラブのエッセンスが詰まった歌詞になっています。この曲にダンスの北島先生が振り付けをつけてくださり、毎回コンサートのフィナーレで歌っています。

コンサートのフィナーレはどんひゃら音頭

どんひゃら音頭

作詞：アゴラ音楽クラブの仲間たち（水野・編）

作曲：大井裕子

１．みんなの笑顔が　元気をくれる
　　太鼓の響きが　勇気をくれる
　　一人じゃだめでも　みんななら
　　乗り越えられるよ　アゴラの仲間
　　　　※ドンドンどんひゃら　ドドンコドン
　　　　ポロポロポロロン、トロロロンロン
　　　　ドンドンどんひゃら　ワンツースリー
　　　　ドンドンどんひゃら　アゴラの仲間

２．みんなで踊れば　わっくわく
　　ピアノのステージ　ドッキドキ
　　マリンバ弾けば　ウッキウキ
　　笑顔がかがやく　アゴラの仲間
　　　　※

３．みんなおいでよ　この広場
　　一人ひとりは　ちがっても
　　みんなかがやく　この場所へ
　　優しさあふれる　アゴラの仲間
　　　　※
　　ドン、ドン、ドンひゃら　ドドンコドンドン

3 ダンスクラス

♪ 天からの采配

　第2章でお話ししたように、アゴラ音楽クラブ結成当初からダンスの指導を担当し、NPO法人設立後は理事としてもご尽力くださっていた鎮目久美子先生が2015年突然亡くなられました。

　鎮目先生の告別式会場ではそれまでお噂だけは伺っていたものの直接お会いしたことのなかったダンスの先生方とお目にかかり、場所もわきまえずこれからアゴラ音楽クラブのダンスはいったいどうしていけばいいものか、とご相談しました。すると、かけがえのない先生をなくして途方に暮れている私に、ある先生が何とか後任を見つけましょう、と言ってくださいました。そしてその後間もなく連絡をくださったのが、北島順子先生です。

　「私が、アゴラ音楽クラブのダンスクラス指導に携わることになったのは、鎮目先生の告別式の帰り道、水野先生から相談を受けた恩師に、『あなたは忙しいから無理だろうけど、後任を探してほしい』とお願いされたことがきっかけでした。後任探しの準備のために、NPO法人アゴラ音楽クラブWebサイトを拝見しました。鎮目先生が生き生きと活動されている写真や活動記録に触れ、鎮目先生のこれまでの活動を私が引き継ぎたい、鎮目さんを感じながら、この活動に携わりたいと思いました。

　私は鎮目先生と同じ大学のダンス部OGで、11期下なのですが、交流が始まったのは、恩師の導きで2002年～2011年まで体ほぐし研究会の事務局を共に担った頃からです。以後、公私共に親しくしており、一生この関係が続くことを確信していました。突然の別れで心の中に穴が空いてしまったような状態でした。鎮目先生の病名を知った直後、4月24日に『……私にできることがありましたら、何でもご連絡ください。鎮目さんの力になりたいです』と送ったLINEメッセージに、『……何かのときは、

5

お力ください。気持ちは前を向いています』という返信がありました。これが最後のやりとりになりました。本当は、亡くなられる前に力になりたかった……のですが、これからでも鎮目さんのために私にできることがあると思いました」（北島先生）

と、まさに鎮目先生が天国から采配を振られたとしか考えられないほど、スムーズに後を引き継いでくださることになったのです。

実は、北島先生のお名前は私の記憶にありました。15 年以上前になるかもしれませんが、アゴラ音楽クラブのコンサートにおいでくださったとき、アンケートにダンスの感想や鎮目先生へのエールがびっしり書かれていたのです。そのときからすでに、なにか「糸」でつながっていたのかもしれません。

♪ ダンスレッスン再開

鎮目先生が振り付けられた作品を引き継いですぐにレッスンを始められた北島先生は、次のようにおっしゃっています。「月 1 回のダンスレッスンは、鎮目先生のことを想い偲びながら、ダンスを通じてアゴラのメンバーたちといっしょに過ごす大切な時間になりました。

身体ほぐし（2016）

どんな動きにしようかな（2015）

（メンバー紹介）

キョウカさん：アイドルグループ「嵐」のメンバーなど、自分以外の誰かになりきって、レッスンに参加してくれることが多いです。観察力が抜群で、ものまねが上手です。

リナさん：お話するときはとてもシャイなリナさん、ダンスのときは、物おじすることなく、上手に堂々と踊ってくれます。ダンスで表現することが大好きです。

ナオトさん：舞台で表現することが大好きなナオトさん、ダンスのレッスンも、いつも積極的に一生懸命取り組んでくれています。

カナさん：人見知りせず、コミュニケーション能力抜群のカナさん。人前で踊るときは「緊張する～」と言う一面も魅力です。ダンスではピョンピョンとジャンプする動きが得意です。

タイジさん：レッスン日が仕事の日と重なることが多かったですが、いつも黙々と真面目に参加してくれています。EXILEのかっこいいダンスや、ダンスでは床をシューッとすべる動きが得意です。

ケイさん：太鼓で培った、迫力ある動きと決めポーズがかっこいいケイさん、ユニークな動きのアイデアも魅力です。中学時代からの親友のイクタさんとは息の合った名コンビです。

イクタさん：長年続けているピアノ・マリンバ・太鼓で培ったリズム感と安定感抜群のイクタさん、ダンスでも穏やかな表情で丁寧に踊ってくれます。

マサトさん：メンバーの中で最年長のマサトさん、リーダーとして作品を盛り上げようと、はりきってくれています。ノリのいい、かっこいいロックなダンスが大好きです」

♪ 記憶に残るエピソード

そして北島先生は次のように振り返っておられます。

「2018年、第15回コンサートでは、3月と言えば、『さくら』……、『SAKURA咲け！　～自分色に！！～』をテーマに作品を創りました。戦時中、パッ

と咲いてパッと散ることを美徳とし、国家のために命を捧げた若者たち。自分らしく咲いてほしいという次世代の子どもたちへの願いと、平和への思いを込めました。

　作品のスタートは、特攻隊の兵士が戦闘機に乗り込む直前に行進する場面でした。初めてその場面を表現したレッスンで、メンバーたちはみんな、ふざけてゲラゲラ笑いながら行進しました。私は切なくもどかしい気持ちになり、伝わるかどうか不安に思いながら、戦時中の特攻隊のことや多くの若い兵士が戦死しなければならない時代があったことを、真剣に一生懸命伝えました。その後のメンバーたちは、その場面で誰一人笑う者はおらず、みんな真剣な表情で若い兵士が行進している場面を表現してくれました。『ちゃんと伝わった！』これまでのダンスクラスの中で、私が最も心を打たれた、記憶に深く残るエピソードです」

　2019年度から北島先生は大学院博士後期課程に在籍され、勤務と学業の両立で目の回るような日々が続いていました。そんな中、大阪の堺市からはるばる奈良まで来ていただくのはあまりに申しわけなく、どなたかピンチヒッターで来てくださる先生がおられたら、と提案しました。すると、同じダンスセラピストとして、日本ダンス・セラピー協会活動などを通じて交流のある、奈良在住の向出章子先生をご紹介いただきました。そして2020年1月、引継ぎを兼ねて北島先生の最後のレッスンを見に来てくだ

2018年、「SAKURA 咲け！
〜自分色に！！〜」

さったときには新型コロナウィルスもまだ他人事だったのですが……。

♪ コロナ禍での活動

　新型コロナの感染予防をしながらのレッスンについて、向出先生は次のようにおっしゃっています。

「私は、2020年2月からダンス指導を行うことになりました。しかしながら、これからという矢先の3月、新型コロナウイルス感染予防による学校閉鎖に伴い、この活動も中断を余儀なくされました。その間、メンバーはダンスのない寂しさとともに、ダンスの再開を心待ちにされていたことと思います。それから4ヶ月待つこと、またダンスのレッスンが再開され、メンバーの笑顔が戻ってきました。私は皆さんの笑顔や心身を開放して踊る姿に触れたとき、日々のコロナ禍の不安な日常を忘れパワーをいっぱいもらいました。このような中での皆さんとの出会いは本当に印象深いものでした。

　今ダンスに参加しているメンバーはいつも元気にのびのびとダンスを楽しんでいます。また、素晴らしいその表現力と創造性、繊細な動きからダイナミックな動きまで幅広く表現し、なりきって踊る姿はダンサーです。最近は、自然発生的にワンマンショーの時間ができ、意欲満々で踊ってい

お得意のポーズ（2021）

ます。ここで、このダンスレッスンについての感想を保護者の方も含めて
一部紹介します。

『嫌なことがあったりストレスが溜まったりしても、ダンスをやると発散
できます。それがうれしい』

『ダンス頑張ってます。嵐の曲で踊って楽しかったです。ワンマンショー
でまた踊りたいです』

『はじめは自信がなかったですが、慣れると楽しくて自信をもってダンス
を楽しんでいます』

『ここに来てワンマンショーで自分が好きに踊れる時間があったり、体を
動かして一生懸命踊ったりできるので、ストレス発散になっているのかな
と思っています』

『この時間は本当に貴重な時間だと思います』

と体だけでなく心も元気になっていることが伝わってきます。私からは、
メンバー同士が思いやったりするなど交流が深まっているのを感じます」
（向出先生）

♪ 主人公になって踊る

　「今年（2021年）の発表会をどのような内容にしようかと話していたと
きに、『主人公になりたい』という発言がありました。私は思わず、『そう
だよ。みんなが主人公！』と返し、普段行っているソロの自己表現を取り
入れ、手作りのダンスを発表することにしました。もう一つの作品は、今
年は東京オリンピックの年ですから、スポーツの表現をしよういうことで、
スポーツ選手になりきって表現することにしました。上手下手など関係な
く、自由に自分を表現すること、また、なかなか自分が主人公になる経験
が少ないなかで、自分が注目され自信を持つこと、それらは非常に大切な
ことだと思っています。

　このようにダンスレッスンを行っている中で、初代の鎮目先生がおっ
しゃった１．楽しめること、２．身体でリズムがとれ自由に動けること、３．

自ら表現できること、の目標が達成できつつあるのではないかと思っています。きっと鎮目先生も空から見守ってくださっていることでしょう。

　最後に、アゴラのダンスの指導の指針にもあるように、ダンスには運動不足を解消し、からだがしなやかになるという身体的効果のみならず、ストレスの解消や心の癒しといった心理的効果もあります。ダンスはいたってセラピューティックなのです。大人になって作業所の往復だけではなく、このような運動の機会や他者とのかかわりの機会、そして、動きの共有・情動共有を通して自己・他者理解につなげていけるこのアゴラ音楽クラブは『居場所』としての機能を果たしているのではないでしょうか」と向出先生はおっしゃっています。

5

4 認定 NPO 法人へ

♪ 寄付控除があれば

　NPO 法人を立ち上げるとき、より社会と繋がりを持てるように、活動を広げていけるように、という思いがありました。しかし、NPO 法人になったからといって、事業に関しては正直それほどの変化はありませんでした。法人対象の民間の助成金をいただくことができるようになったくらいでしょうか。

　ただ NPO 法人というのは行政ではカバーしきれていない部分に照準をあてて問題を解決する、という社会的使命があります。多くの皆さんの支持をいただき、賛助や寄付という形でサポートを受けて活動していくからには、支持者の皆さんにとっても納得のいく活動でないと意味がありません。そこが任意に設立した団体とは性質が違うところです。

　NPO 法人を立ち上げて間もないころ、賛助会員の一人から「アゴラ音楽クラブに寄付しても、寄付控除はないんだよね」と言われました。「寄付控除があれば、他の人にも寄付をすすめやすいんだけど」
……そうなのですね。NPO 法人は設立したものの、そういったことにはまったく無知で、認定 NPO 法人という制度を知ったのもしばらくしてからでした。

　調べてみると、当時奈良県にある認定 NPO 法人はたった 1 法人のみでした。2012 年度末、奈良県で認証されていた NPO 法人は約 470 団体、その中で認定を受けているのがたった 1 団体。しかも、もう更新される予定はないとのことで、そうなると県内の認定 NPO 法人はゼロになってしまいます。大阪、京都、兵庫は 2 ケタの認定 NPO 法人があるのに、それはあまりにさびしすぎます。

♪ 一般 NPO 法人との違い

　ところで一般の NPO 法人と認定 NPO 法人はどう違うのでしょうか、私も大変お世話になった NPO 法人シーズ・市民活動を支える制度をつくる会のホームページ[2] の説明を引用させていただくと、

「認定ＮＰＯ法人」とは、ＮＰＯ法人のうち
　"「一定の基準を満たしている」と所轄庁（都道府県・政令市）が認めた法人"
のことです。
　都道府県や政令市に「認証」されたＮＰＯ法人が、「基準を満たしている」ことを【認定】される事によって認定ＮＰＯ法人へとステップアップします。
　ＮＰＯ法人が、比較的形式的に「公益性ある団体であるか」を判定して認証されているのに対し、認定ＮＰＯ法人はより高い税制優遇を適用するために「**より客観的な基準において、高い公益性をもっている**」ことを判定された法人であるということです。

5

　一般の NPO 法人と認定 NPO 法人の一番の違いは**「寄付者への税制優遇」**です。
　なぜ税制優遇があるかというと、認定 NPO 法人に寄付するということは、その寄付によって**社会問題の解決に貢献している**と国や自治体が認めているということになるわけです。
　以前総務省で行っていた認定制度が 2011 年からは自治体による認定制度に変わりました。アゴラ音楽クラブが NPO 法人となった年です。さらに認定をとるためには、NPO 法人として最低 2 年の活動が必要です。それに加えてクリアしなければならない条件がいろいろあります。

♪ 奈良市の指定 NPO 法人に

　そこにタイミングよく奈良市条例指定NPO法人の制度が始まりました。市の条例指定を受けるためにはやはり様々な条件をクリアする必要がありますが、それを準備しておけば、認定NPO法人の審査の一部（パブリックサポートテスト、即ち広く一般から支持を受けているか、の部分）が免除されるのです。まさに渡りに船、さっそく申請することにしました。

　制度の準備のため研修会が頻繁に行われ、前述したNPO法人シーズ・市民活動を支える制度をつくる会の関口宏聡さんも毎回東京からアドバイザーとして駆けつけてくださっていました。私はそこに参加して勉強しつつ、その波に乗って申請。NPO法人アゴラ音楽クラブは2013年9月、奈良市条例指定NPO法人の第1号になりました。そしてその勢いで、翌年県の担当部署に認定NPO法人の申請相談に行ったのです。

　とはいえ設立してまだ2年あまりで活動実績も少なく、団体運営について右も左もわかりません。高校時代の同級生O氏に顧問会計士になってもらって会計書類を整えたり、急きょ様々な規約を作ったり、「こんな状態で認定を申請するつもりですか」と県の担当者からは呆れられてばかりでした。それでもあきらめないのが私のモットーです。周りの方々のサポートをいただいたおかげで2014年12月12日、ようやく認定が認められました。ただ、担当職員からは「このままでは5年後の更新は難しいですよ」ときっぱり言われましたが。

　光陰矢の如し。5年はアッという間に過ぎ、2019年暮れに認定更新の時期を迎えたものの、提出した書類は何回も再提出を繰り返さなければなりませんでした。数字だらけになった私の頭はまたもや崩壊寸前でしたが、2019年12月、ギリギリで更新が認められました。

5 ホップ、ステップ、奈良からジャンプ！

♪ はじめての遠征

　アゴラ太鼓は 2017 年に音楽療法世界大会での演奏のため、茨城県つくば市へ出かけました。奈良を出て、しかも一泊しての演奏旅行は初めてです。世界 48 カ国からおよそ 3,500 名の参加者が集まった国際大会。世界にアピールする絶好のチャンスだということで、日本語と英語の対訳でアゴラ音楽クラブを紹介するパンフレットを作り、90 分のワークショップの時間も確保して世界中からの参加者に和太鼓体験もしていただきました。

　エントランスに設けられた舞台でメンバーたちが力を込めて表現する様子には、海外の人々からも大きな拍手をいただきました。

　参加したアゴラ太鼓のメンバーや保護者からは、

「拍手だけでなく、多くの外国人の方々の歓声やピューピューという口笛に感激しました」

「アゴラのシャツを着ていると、外国の人が太鼓をたたくポーズをして、良かったよ、というジェスチャーをしてくださったのは、うれしかったです」

「初めての団体での演奏旅行を通して、メンバーの皆さんとゆっくり話もでき、いろいろな体験もできてよかった」

「来場者の皆さんにアゴラ音楽クラブのパンフレットを配るとき、外国の方たちに対しても物怖じせず、すすんで配れていたのには成長を感じました」

「外国の人と話ができてよかった」

「また遠くへも演奏に行きたい」

といった感想が聞かれました。

小6からアゴラ太鼓に参加しているトモキさんは、お母さんも演奏に参加しています。遠征する機会ができて、旅行気分を味わっているとのことです。子どもにとって学校卒業後も仲間がいるサークルがある事は、毎日の仕事だけの生活でなく、余暇を楽しむためにも、太鼓をしていて良かったとお母さんはおっしゃっています。

　それはほかの保護者たちも、そしてメンバーたちも同じ思いではないでしょうか。

　2019年には私が勤務していた近大病院の村上佳津美先生、南和歌山医療センターの土生川千珠先生に日本小児臨床アレルギー学会懇親会での演奏依頼をいただいて、和歌山へ出かけました。また秋には障害者太鼓全国大会出場のため倉敷へ行き、演奏旅行に出かけることが増え、演奏以外の部分でメンバーやその保護者たちが行動を共にし、交流を深める機会になっています。

♪ いつか世界へ

　2010年以降、私自身は海外でアゴラ音楽クラブの活動や音楽トレーニングの効用について話をさせていただく機会がふえました。韓国、中国、台湾での国際学会、ドイツ、英国、そして近年はベトナム、ホー・チ・ミンの師範大学で音楽療法の集中講座を行ったり、障害児施設を訪問してワークショップを行いました。軍部によるクーデターで今は混乱しているミャンマーにも、2回訪問しました。アゴラ音楽クラブのビデオを見てもらったり、取り組みを話したりすると、たいていは「信じられない」と驚かれます。

「両手でピアノが弾けるようになるなんて、どんな指導をしたのですか？」
「暴れる子はいないのですか？」
「こんな長い曲を覚えられるのですか！」

　皆さん、はじめから無理と考えておられるのです。

私は、何十年にもわたる長期の取り組みであること、また、保護者も指導者もみなあきらめず、子どもたちの成長を信じて関わっていることをお話しします。しかし、百聞は一見に如かず。いつか実際に聴いていただけたら、といつも思います。

　2020年以降はコロナ禍のため遠征どころか近隣のイベントも中止になってしまいましたが、今後はさらに活動範囲を広げて、日本国内に限らずいつかは世界へも……と夢を大きくふくらませています。

世界音楽療法大会で
の演奏

ワークショップは多くの参
加者で盛り上がりました

2017年世界音楽療法大会に
て。向かって左からボランティ
アのハセちゃん、水野、大井
先生

応援メッセージ

自称・影の応援団長より一言

　アゴラ音楽クラブのNPO法人認定10周年の今年、新型コロナウイルスの影響で記念のコンサートも開催延期、胸が痛みます。でも、理事長以下スタッフの方々、メンバーの子供さん方と親御さんたちの熱い思いは、天にも通じ、必ず喜びの楽の音を響かせることができるものと確信いたします。というのもこのクラブの前身から35年の歩みが奇跡のような自然の流れにかなったものだったと思うからです。以下は個人情報漏洩違反の恐れがありますが、年寄りの思い出話をお許しください。

　前川さん――水野理事長の旧姓でないと調子がでませんのでご勘弁を！――は神戸大学文学部哲学科でギリシア哲学を専攻、卒論はプラトンでした。実は、小生が指導教官でした。卒業後当然大学院に進まれるものと期待していましたが、音楽の道への決心がかたく、お見送りする他ありませんでした。（神戸大学に集中講義で来ていただいた小生の恩師斎藤忍随教授から、「君の指導がダメだから……」とお小言を頂戴しました。）その後ピアノ教室を始められ、イギリス、ドイツなどの旅行の後、自宅マンションの地下に小ホールができ、音楽教室がスタートしました。古代ギリシアの各ポリスの中心で公共の役所や神殿に囲まれ、市民の商いや社交が行われた広場――アゴラの名が冠せられました。前川さんの理想がこめられています。毎年の発表会はピアノとヴァイオリンが中心の和気あいあいの楽しいものでした。

　ちょうどその頃、自閉症の少年のピアノの手ほどきを頼まれたことで、前川さんは天職を見つけられました。以後、ミュージックセラピーの研究、知的障害の勉強、忍耐と独自の工夫が次第に実り、口コミでひろがった参加メンバー、障害を持つ子供さん方のための「アゴラ音楽クラブ」が生まれました。それから10年、この事業の意義が評価され、奈良県のNPO

法人に認定されるに至ったのです。こう書いてくると、前川さん個人の超人的努力（奈良女子大学大学院で博士の学位取得など）と行動力でこのクラブが進んできたように思われるかも知れません。しかし彼女のボーイフレンド、ガールフレンド、メンバーの子供さんたち、その親御さん方の心を一つにした情熱と支援があって初めて可能になったのです。文頭で「奇跡のような自然の流れ」と書いた訳がおわかりですね。

　ところで、ギリシア神話オリンポス12神の中に、光の君と呼ばれるアポロン神がおります。非常に複雑な謎の神ですが、死や疫病を送り付けるとともに病を癒す力を備えた音楽の神でもあります（医神アスクレピオスは息子、9人のミューズの女神たちは従者です）。プラトンはその申し子という伝説があります。この哲学者は生涯、理想の国家はどうすれば実現できるのかを思索し続けました。そこで不可欠とされたのが幼児からの教育、特に音楽と運動です。リズムとハーモニーのよろこびによって心と身体を形作ることが、自由、思慮、友愛をそなえた市民を育てるスタートであると主張しました。前川さんが、当時はほとんど知られていなかった和太鼓を取り入れるヒントは卒業論文にあったと小生は勝手に自負しています。その後、アゴラ太鼓のほかにマリンバ、ダンスも加わり、いよいよプラトンの理想が実践されつつあります。リズムとハーモニーの喜びがわたしたちの体全体、心の奥まで満ち渡る日を楽しみにしております。

　　わらべらの無心にとよもす
　　太鼓のひびき
　　天も応えん歓喜の歌で

2003年アゴラ音楽クラブ第1回コンサート会場にて。眞方忠道先生と

祝　アゴラ音楽クラブ NPO 法人設立 10 周年

奈良女子大学名誉教授　甲子園大学学長　佐久間春夫

アゴラ音楽クラブ NPO 法人設立 10 周年おめでとうございます。

　これまで、そしてこれからのさらなる発展への願いを込めて掲げられたテーマ "奇跡が起きる音楽クラブ" には、まさに水野法人代表の強い信念と理念を裏打ちしたものであると確信致しました。

　"モモ" にでてくる "時間どろぼう" ではないですが、水野さんと出会ってから早 15 年近く経ちます。そもそも出会いは、奈良女子大学附属校長兼務の時代にお嬢様を介して "大学院博士課程" に入学したいと研究室に尋ねて来られたことでした。今改めて当時の推薦資料を見てみましたら、"スペースアゴラ音楽教室開設されてから 20 年以上の指導と、近大医学部や奈良先端科学技術大学での研究歴から、入学後の実験研究に対する、やりぬく強い意欲と弛まぬ努力、さらに思いやりの気持ちをベースにした氏の発達的治療教育理論の検証にかける強い意欲は、本研究科での課程を修了するに足る決意と学力を保証するものである。さらに、長年にわたる音楽教室の維持は起業的センスをも持ち合わせた女性として本学学生、院生のロールモデルとしてふさわしい存在である" と記されておりました。そして 3 年で見事に、"音楽の療法的効用に関する精神生理学的研究" を論文題目とする博士論文を書き上げました。ここでは、音楽の療法的効用に関する脳活動という実証データに基づく精神生理学的見地から、動作を伴う音楽の効用を中核をなす療法の意義としてとらえ、習熟過程で見られる対人コミュニケーション能力の変化が社会適応を促進するものであることを明らかにしました。

　博士の学位取得後は、得られた知見を広め、より多くの人が参加しやす

く恒久的な組織として発展していくために NPO 法人の設立を果たしました。改めてこの間の法人設立に向けた熱意とその後の運営のご努力には脱帽しています。組織を担ったものとしての運営上の苦しみと試練は大変なものであったと拝察いたします。しかし、生徒の皆さん、保護者の方々、講師の先生方の熱い思いによって支えられ、10 周年という一つの節目を迎えるに至った喜びはひとしおかと思います。

　少し前までは、今日のようなコロナ禍は誰もが予想できなかった事態であり、様々な不便を強いられておりますが、一日も早い Post Corona を願いつつ、まだしばらくは続くと思われる With Corona の日々を、成長と発展の可能性を有する組織として、そこでの成果を多くの人たちと共有することにより、まさに、"奇跡が起きる音楽クラブ" としての一層のご活躍をお祈りいたします。

2011 年、学位記授与式
の日（奈良女子大学に
て）佐久間春夫先生と

音楽の力を科学的に理解し、広める

九州工業大学　教授　柴田智広

　まずは NPO 法人アゴラ音楽クラブの創立 10 周年、まことにおめでとうございます！　任意団体としては 30 年以上の活動を継続されておられ、ただただ敬服するしかありません。また、YouTube 動画「コロナに負けないで」などを見て感動をしています。

　私は、2013 年まで奈良先端科学技術大学院大学（NAIST）の准教授を務めており、当時奈良県立医科大学の講師（現特任講師）でおられ、また共同者でもあった和田佳郎先生に、奈良女子大学で学術博士号を取得される直前の水野さんに、「とても元気で頑張っている方がおられる」と引き合わせていただきました。当時私は、パーキンソン病患者である母を介護しており、ちょうど安価な画像センサで人の姿勢の認識ができる時代が来たこともあって、ICT の介護応用を少しずつ進めていた頃でしたが、ダウン症の方とは接したことがありませんでした。水野さんのお誘いで、まだ任意団体であったアゴラ音楽クラブの活動（和太鼓練習）を拝見し、和太鼓の迫力、（主にダウン症の）メンバーの演奏技術と彼らの社会性の高さや性格の良さに、大きな感銘を受けました。水野さんは長年のアゴラの活動経験から、音楽の力を実感されており、その定量化に強い興味をお持ちでした。

　そこで、当時私の博士研究員であった船谷浩之さんや、NAIST 音情報処理学研究室の学生だった鎌土記良さんの協力を得ながら、和太鼓演奏の画像や音による認識に少しチャレンジしてみました。奈良テレビが報道もしてくれました。結果として、残念ながら当時は和太鼓演奏については、画像認識も音記録も技術的に十分に行うことができませんでした。しかし、アゴラの長年に渡る素晴らしい活動がもっと日本中に広がると素晴らしいと思い、一つの方法として水野さんに NPO 法人の設立をご提案したとこ

ろ、一年たつかどうかの時期に設立をされ、その後奈良県の認定 NPO 法人に第一号で認定されることになりました、その定款には研究というキーワードが入っており、私も初代理事を拝命しました。水野さんとはその後、アゴラの長期会員の短期記憶能力が高いという英語論文を出版することができました。内容詳細は水野さんが紹介されると思うので、ここでは割愛します。

　アゴラ音楽クラブの活動は、学術的には音楽療法という分野に該当します。しかし既存の学術ではとらえきれない効果を、アゴラの皆さんが感じておられると思います。学術が成熟するのを待つのではなく、「水野法」を全国に情報発信すると良いですよ、と常々水野さんにはお願いしていたところですが、2018 年に『心とからだを育てる和太鼓』という書籍を出版していただくことができて本当にうれしかったです。

　水野さんは、以前から 2 名以上での和太鼓演奏における同期効果に興味をお持ちでした。これまで、動きを同期した行動は社会的つながりをさらに強めて大きな満足感を生むことが、研究から示されているそうです（連帯を可能にした力、ザラスカ、2021 年日経サイエンス第 51 巻 6 号、72 〜 77 ページ）。アゴラの 30 年以上の活動は科学的観点からも宝物です。ぜひ今後も SNS などを用いてますます「アゴラ法」の情報発信をされつつ、新たに創設される奈良女子大学の工学部などと連携して、科学的効用の傍証もいろいろと示していただけることを期待しております。私もリモートでご支援できることが無いか念頭に置いておきたいと思います。

　最後に末尾の記念写真の説明をしたいと思います。私が奈良春日野国際フォーラムで開催された国際会議に参加した際、元共同研究者である水野さんと、畿央大学准教授の岡田洋平先生に集まっていただき、久々にじっくり情報交換をすることができたときのものです。この時に、水野さんに小倉祇園太鼓に参加している障害者に会っていただこうという話になりましたし、岡田先生とはパーキンソン病患者のリハビリ支援などについて共同研究につながる議論をすることができました。水野さんには小倉に来て

いただく段取りまでできていたところで、コロナ禍に突入してしまい、実際にはまだ実現できていませんが、遠隔会議の活用も検討したいと思います。末筆ながら、アゴラ音楽クラブのますますのご発展と、皆さまのご健勝をお祈り申し上げます。

2019 年夏、奈良にて。向かって左から岡田洋平先生、柴田智広先生

おわりに

　私はアゴラ音楽クラブのメンバーのおかげで、人生が方向づけられたといっても過言ではありません。個性が際立つ面々、何はともあれおもしろい、何が起こるかわからないワクワク感。しかもみんな温かい。悪意などかけらもない。

　たしかに昔タカシ君と初めて会ったときなど、どのように対応すればよいかわからず戸惑いました。でもしばらく付き合っていると「自閉症」などというのは二の次で、動物や虫が大好きでセミなどヒョイ、ヒョイと素手でつかまえたり、メロディーを弾くと和音で伴奏を入れてくれたり……「うわ、すごい！　おもしろい！」と、それまでピアノを教えるなかで感じることのなかった驚き、感動の連続で、音楽を仲立ちとした障害児との関わりにのめり込むことになりました。

　アゴラ音楽クラブのメンバーはほとんどが知的障害のある人です。しかし一緒にいると、知的障害があるからといって何も学習できないのではない、ということがよくわかります。中には非凡な才能を持っている人もいますし、貪欲に学ぼうとする人たちも多くいます。お気に入りの曲を弾きたいという強い思いがあれば、時間はかかりますが、一生けん命練習して、弾けるようになります。リズムがうまくとれなくても、皆と一緒に太鼓をたたきたい一心で練習していればいつかたたけることがあるのです。「やってみたい」気持ちをちょっと後押しすれば、みんなどんどん動き出します。そしていつの間にかすごいことができたりするのです。本人も楽しいでしょうが、私はもっと楽しんでいます。そしてついに、それが本業になってしまいました。

　そんないきさつを皆さんにぜひ紹介したいと思いながら、この本を書きました。

　「知的障害のある人たち」ではなく一人ひとりに目を向けていただきた

いと思っていると、ついメンバー紹介・メンバー自慢が多くなってしまいましたが、私の独断と偏見を指導の先生方や保護者の皆さんがすばらしいメッセージでフォローしてくださいました。心より感謝申し上げます。

　水﨑先生が奇しくも言ってくださったように（第4章）、みんな「無心！　まっすぐ！　邪念がない」これは、メンバーだけではありません。お母さんたちもそうです。なぜなら目指しているのは同じ、みんなの幸せだからです。

　そして無心に、まっすぐ進んで行く先にはきっと「奇跡」が起きると私は信じています。

　最後になりましたが、私の大学時代の恩師眞方忠道先生、大学院時代の恩師佐久間春夫先生、そして柴田智広先生からは身に余る応援メッセージをいただき、光栄の至りに存じます。心よりお礼申し上げます。

　また、本書の作成にあたっては『心とからだを育てる和太鼓』でお世話になったかもがわ出版の皆川ともえさんに再びお世話になりました。ありがとうございました。

　そして孫の島本正観（6歳）は文中のイラストを手伝ってくれました。ありがとう！

水野惠理子

引用文献

●第１章

1） フランク・マルタン他著、板野平訳、『エミール・ジャック＝ダルクローズ』、全音楽譜出版社

●第２章

1） プラトン著、藤沢令夫訳、『国家』、プラトン全集第 11 巻、岩波書店

●第３章

1） Tomasello,M. & Carpenter,M.(2007) Shared Intentionality; Developmental Science 10-1, pp. 121–125
2） Frith, C.D. & Frith, U., (2006) How we predict what other peorle are going to do, Brain Research, 1079, 36-46
3） Mundy, P., Sigman, M., & Kasari, C. (1994). The theory of mind and joint-attention deficits in autism. Understanding other minds: Perspectives from autism (p. 181–203). Oxford University Press.
4） Kern, P. & Aldridge, D. (2006) Using embedded music therapy intervention to support outdoor play of young children with autism in an inclusive community-based child care program, Journal of Music Therapy 43, 270-294
5） Stephens, C.E. (2008) Spontaneous imitation by children with autism during a repetitive musical play routine, Autism 12, 645-671
6） Stephens, C.E（2008）同上
7） Norton, A., Zipse, L., Marchina, S., & Schlaug, G. (2009) Melodic intonation therapy; Shared Insights on How it is Done and Why it might Work, Ann. NY.Acad.Science 1169, 431-436
8） Corriveau, K.H. & Goswami, U. (2009) Rhythmic motor entrainment in children with speech and language impairment,Cortex 45, 119-130
9） Chapman, R.S. & Hesketh, L.J. (2001) Language , Cognition, and Short Term Memory in indivisuals with Down syndrome, Down Syndrome Research and Practice 7, 1-7
10） Rabbitt, P. (1991) Mild hearing loss can cause apparent memory failures which increase with age and reduce with IQ, Acta Oto-laryngologica 111, 167-176
11） Marcell, M.M.& Armstrong, V. (1982) Auditory and visual sequential memory of Down syndrome and nonretarded children, American Journal of Mental Deficiency 87, 86-95.
12） Dodd, B. (1975) Recognition and reproduction of words by Down's syndrome and non-Down's syndrome retarded children, American Journal of Mental Deficiency, 80, 306-311.
13） Jarrold, C.& Baddeley, A.D. (2001), Short term memory in Down Syndrome:Applying the working memory model.Down Syndrome Research and Practice, 7, 17-23
14） Broadley, J. & MacDonald, J. (1993) Teaching short term memory skills to

children with Down's syndrome, Down Syndrome Research and Practice 1, 56-62
15）Laws, G., MacDonald, J. & Buckley, S. (1996) The effects of short training in the use of a rehearsal strategy on memory for words and pictures in children with Down syndrome, Down Syndrome Research and Practice, 4, 70-78
16）Comblain, A. (1994) Working memory in Down's syndrome: Training the rehearsal strategy, Down Syndrome Research and Practice 2, 123-126
17）Conners, F. A., Rosenquist, C. J., Arnett, L. et al. (2008) Improving memory span in children with Down syndrome, Journal of Intellectual Disability Research 52, 244-255
18）Ho, Y.-C., Cheung, M.-C. & Chan, A.S. (2003) Music Training Improves Verbal but not Visual Memory: Cross-sectional and Longitudinal Explorations in Children, Neuropsychology 17, 439–450.
19）Franklin, M.S., Rattray, K., Moore, K.S. et al. (2008) The effects of musical training on verbal memory, Psychology of Music, 36, 353-365
20）Mizuno,E., Osugi,N., Sakuma,H., Shibata, T., (2013)Effect of Long-term Music Training on Verbal Short Term Memory of Individuals with Down Syndrome: Journal of Special Education Research, No2-1 ,pp.35-41
21）Mizuno,E., Sakuma,H.,(2012)Wadaiko Performance Enhances Synchronized Motion of Mentally Disabled Persons, Perceptual and Motor Skills, No.116-1,pp.187-196

●第 4 章

1）武藏博文、水内豊和（2009）、知的障害者の地域参加と余暇活用に関する調査研究、富山大学人間発達科学部紀要、3（2）、pp.55-61
2）中村龍平、細谷一博（2021）、障害者を対象とした余暇学習（活動）に関する文献レビュー、北海道教育大学紀要教育科学編、71(2)、pp.55-67

●第 5 章

1）水野惠理子（2018）『心とからだを育てる和太鼓』、かもがわ出版
2）NPO 法人シーズ・市民活動を支える制度をつくる会 HP：https://www.nintei-torou.net/ （2021.06.13 最終閲覧）

水野惠理子（みずの　えりこ）

神戸大学文学部哲学科卒、奈良女子大学大学院人間文化研究科博士後期課程修了、博士（学術）、日本音楽療法学会認定音楽療法士、小田原短期大学特任准教授。NPO法人アゴラ音楽クラブ理事長。
著書に『心とからだを育てる和太鼓』かもがわ出版、共著に『実践につながる　新しい幼児教育の方法と技術』ミネルヴァ書房。

認定NPO法人アゴラ音楽クラブ

事務所所在地：〒631-0076　奈良市富雄北1丁目12-4　アゴラビルBF
ホームページ：https://www.agora-mc.com
Facebookページ：https://www.facebook.com/agoramusicclub

イラスト■島本正観、水野惠理子

奇跡が起きる音楽クラブ
「そんなのムリ」が「わたし、できるよ」に

2021年9月10日　初版発行

著　者—水野 惠理子・NPO法人アゴラ音楽クラブ
発行者—竹村 正治
発行所—株式会社かもがわ出版
　　　　〒602-8119　京都市上京区出水通堀川西入亀屋町321
　　　　営業　TEL：075-432-2868　FAX：075-432-2869
　　　　振替　01010-5-12436
　　　　編集　TEL：075-432-2934　FAX：075-417-2114

印刷—シナノ書籍印刷株式会社
ISBN　978-4-7803-1191-4　C0037